Billig auf Kosten der Beschäftigten

SCHWARZ-BUCH

von Andreas Hamann (Konzept + Text) und Gudrun Giese (Text)

2. aktualisierte Auflage, Dezember 2004

INHALTSVERZEICHNIS

Vorwort 5

EINLEITUNG

Das System Lidl: Expansion und Angst 7

Dieter Schwarz stiftet zielgerichtet: Denkmäler, Professuren
und eine Business School 11

Verschleierte Macht im Stiftungsgeflecht: Über 600 Firmen
und ständig Neugründungen 13

Das »Who is who?« der Schwarz-Gruppe: Knallharte Manager,
Banker und Lobbyisten 15

LIDL IN DEUTSCHLAND

Der ganz normale Wahnsinn: Verkäuferin bei Lidl 21

Interview: »Ich hätte in dieser Situation sogar mein
Todesurteil unterschrieben« 23

Protokoll vom November 2004: Erlebnisse einer Lidl-Beschäftigten 29

Als Branchenfremde bei Lidl: Ein schneller Sprung ins kalte Wasser 33

Plötzlich saß ver.di unsichtbar am Tisch: Verkaufsleiter im Verdacht,
»Anwalt der Filialen zu sein« 37

Die Arbeit bei Lidl geht auf die »Knochen«: Pausenlos im Einsatz 41

*Lidl-Vorgesetzte setzten langjährige Mitarbeiterin
unter Druck:* Vorspiegelung falscher Tatsachen 43

Als Chef zu nett oder wegen Krankheit zu teuer?
Unbefristet war klar, aber nach Arbeitsunfall gefeuert 45

Fleiß und Motivation schützen nicht vor dem Rausschmiss:
»Wir waren nur für die Firma Lidl da« 47

Diebstahlsvorwurf ohne jeden Nachweis:
Drei Stunden Verhör und Schuh-Kontrolle 49

Vergesslichkeit schwer bestraft:
Fristlos raus wegen vergessener 2,29 Euro 51

Die Konstruktion von Kündigungsgründen:
Lidl und Kaufland sind nicht zimperlich 53

Eigentlich fing bei Ralf Schmidt alles an wie im Bilderbuch...
Verkaufsleiter im »Söldner-Test« 57

Belegschaft einer Filiale reagiert:
Betriebsratswahl nach Dauermobbing 61

INHALT

Knüppeln und kontrollieren ohne Ende:
»Unter 55 Stunden werden Sie hier nicht arbeiten« 63

Das Lehrstück Lidl Unna: Wie man Gründungen
von Betriebsräten systematisch verhindert 65

Drohverhalten in Nordrhein-Westfalen:
Alle Chefs erschienen zur Wahlversammlung 67

Lidl lässt seit Oktober 2004 Speditionen die Transporte abwickeln:
Fuhrparks ausgegliedert 69

Im Lidl-Lager-Bereich gehören Betriebsräte dazu
Entmachtung durch Umstrukturierung 71

Bei Lidl nicht ohne: Betriebsräte 73

LIDL IN EUROPA

Lidl ist mit über 3.100 Filialen bald in ganz Europa präsent:
»Deutschland wurde uns zu klein« 77

Drei Frauen wegen Betriebsratsgründung entlassen:
Gewerkschaft bekämpft Lidl-Willkür in Österreich 81

Jede Menge Skandale in Tschechien: Erst als Lidl einlenkte
wurden Boykottaufrufe fallen gelassen 83

KAUFLAND

Zahl der Kaufland-Filialen hat sich seit 1998 verdoppelt:
Heißhunger nach Standorten im In- und Ausland 85

Gegen Widerstände: 64 Interessenvertretungen
bei Kaufland Sachsen 87

Einschüchtern gilt nicht bei Kaufland Ostsachsen:
Betriebsratsarbeit zahlt sich aus 89

Kaufland-Betriebsrätin Claudia B. aus Bayern:
»Vier Jahre lang habe ich ein Mobbing-Tagebuch geführt« 91

*Auch Führungskräfte bleiben bei Kaufland und Co. nicht
ungeschoren:* Einschüchterung gehört einfach zum Personalkonzept 93

ANHANG

ver.di macht Discounter-Beschäftigten Mut
aus ver.di-PUBLIK, Ausgabe Mai 2004 97

Unsere geizig-geile Schnäppchen-Republik
aus ver.di-PUBLIK, Ausgabe Mai 2004 99

Hardcore bei Lidl – Billig auf Kosten der Beschäftigten
aus ver.di-PUBLIK, Ausgabe Oktober 2002 101

Bestellformular für Lidl-Schwarz-Buch 105

Vorwort

Angst am Arbeitsplatz, menschenunwürdige Arbeitsbedingungen, Missachtung von Rechten, Willkür von Vorgesetzten, Einkommen, die zum Leben nicht reichen – so etwas gibt es heute nicht mehr oder wenn, dann höchstens als Randerscheinung und absolute Ausnahme – das hören wir ständig bei Talkshows, in Reden und bei anderen Gelegenheiten.

Doch in den meisten Städten gibt es das gleich um die Ecke, die Firmenlogos sind jedem Kind bekannt. Zehntausende von Beschäftigten im Einzelhandel sind davon betroffen, die meisten davon teilzeit- oder geringfügig beschäftigte Frauen, die vielfältigen Diskriminierungen und Belastungen ausgesetzt sind. Betroffen sind aber auch deren Familien, Freunde und Partner. Davon handelt dieses Schwarz-Buch.

Bei der Discount-Kette Lidl werden elementare Rechte systematisch verletzt. Die Billigkette zählt zu den größten und erfolgreichsten Unternehmen Europas, alleine in Deutschland arbeiten rund 33.000 Beschäftigte für Lidl. In diesem Buch wird erzählt, wie ein Unternehmen vorgeht, um Rechte vorzuenthalten und geltende Gesetze zu umgehen.

Im Schwarz-Buch kommen Betroffene zu Wort. Wir lernen dabei Verkäuferinnen und Kassiererinnen kennen, die bei Lidl ihr Bestes geben, die gern und mit vollem Einsatz arbeiten, die bedauern, dass sie so wenig Zeit für die Kunden haben. In etlichen Läden gibt es trotz Arbeitshetze und ständiger externer Kontrollen echte Teams, oft gehört die Filialleitung dazu.

Viele Gespräche bei Lidl bestätigen: die Beschäftigten wollen ihre Arbeitsbedingungen mitbestimmen. Sie wollen dazu beitragen, dass bei Lidl bessere Bedingungen in einem Klima ohne Angst eingefordert werden können. Sie wollen, dass sie sich ungehindert und unbeobachtet zusammenschließen und die eigene Meinung frei äußern können. Im Arbeitsleben wird das vor allem durch das Recht auf freie und ungehinderte Wahl von Betriebsräten, das Rederecht auf Betriebsversammlungen und das Beschwerde- und Anhörungsrecht beim Betriebsrat ermöglicht.

Wir wollen Kolleginnen und Kollegen bei der Bildung von Betriebsräten für die Lidl-Filialen unterstützen, um menschengerechte Bedingungen an den Arbeitsplätzen durchzusetzen. Wir wollen angemessene Einkommen erreichen. Wir wollen jene Unternehmen des Einzelhandels vor der Billigkonkurrenz schützen, die akzeptable Arbeitsbedingungen bieten und fair mit ihren Beschäftigten umgehen. Sie sollen nicht Nachteile im Unterbietungswettbewerb haben. Unterlaufen von Sozialstandards ist kein Kavaliersdelikt und darf kein Konkurrenzvorteil sein.

Wir mahnen hier die Bildung von wirksamen Betriebsräten an. Damit ist auch die Wahl von Jugend- und Auszubildendenvertretungen, Vertretungen der Schwerbehinderten sowie Aufsichtsräten verbunden. Diese Gremien wählen und mitbestimmen zu können, gehört gleichfalls zu den unverzichtbaren demokratischen Rechten der abhängig Beschäftigten im Betrieb.

Wir danken allen, die Informationen aus dem Innenleben des Handelskonzerns Schwarz beigesteuert und damit dieses Buch erst ermöglicht haben. Um sich gegen den Druck des Unternehmens zu wehren, sind die Beschäftigten als Einzelne zu schwach, aber gemeinsam wird es gelingen. Wir hoffen, dass dieses Schwarz-Buch eine Ermunterung für viele ist, sich für Menschenwürde am Arbeitsplatz einzusetzen. Bei Lidl, bei Aldi, bei Schlecker und bei vielen anderen Ketten, in denen diese Rechte häufig auf der Strecke bleiben.

Lidl erinnert daran, warum sich Arbeiterinnen und Arbeiter in Gewerkschaften zusammengeschlossen haben: um den Erwerbstätigen menschliche Würde zu geben, um sie vor Willkür zu schützen, um schwer erträgliche psychische und physische Arbeitsbelastungen zu vermeiden und den Beschäftigten die Freiheit zu geben, die eigenen Arbeitsbedingungen mit zu gestalten. Gewerkschaften sorgen heute dafür, dass Praktiken wie bei Lidl zurückgedrängt und nicht zum Vorreiter für Entwicklungen in der Arbeitswelt werden.

Frank Bsirske
Vorsitzender ver.di

Franziska Wiethold
Leiterin ver.di-Fachbereich Handel

Deutscher Discounter wächst und wächst

Das System Lidl: Expansion und Angst

Unter den 30 umsatzstärksten Händlern der Welt taucht ein Konzern auf, der seit 1990 einen gewaltigen Sprung nach vorne gemacht hat: Die schwäbische Unternehmensgruppe Schwarz (u.a. Lidl, Kaufland, Kauf-Markt, Handelshof) mit Sitz in Neckarsulm platzierte sich im Jahr 2003 mit 33,36 Milliarden Dollar auf Rang 14. Aus Deutschland schneiden nur Metro (Nr.4), Rewe (Nr.8) und Aldi (Nr.10) noch besser ab, wie das Marktforschungsinstitut M+M Planet Retail im Juni 2004 ermittelt hat.

Diese Angaben für die Schwarz-Gruppe, in deren Unternehmen im In- und Ausland 151.000 Menschen beschäftigt sind, basieren auf Schätzungen von Handelsexperten – die extrem schweigsamen Konzernlenker veröffentlichten bis Anfang Dezember 2004 so gut wie nie interne Wirtschaftsdaten. Bei etlichen Tochtergesellschaften des äußerst verschachtelten Firmenkonstrukts entziehen sie sich nach Auffassung von ver.di der gesetzlich vorgeschriebenen Publizitätspflicht bei Jahresabschlüssen.

Noch gibt es fast keine Lidl-Betriebsräte

Im Imperium des Unternehmers Dieter Schwarz sind viele Verstöße gegen die Menschenwürde zu verzeichnen. Insider berichten von speziellen Seminaren für Führungskräfte, auf denen gelehrt wird, wie Betriebsräte verhindert werden können. Besonders erfolgreich gelang das bisher in der Discount-Schiene Lidl. Nur im Lagerbereich und in sieben (!) von rund 2.500 Filialen (Stand: Dez. 2004) existieren reguläre Interessenvertretungen der Beschäftigten.

Dahinter steckt System. Lidl-Filialleiter erhielten von Verkaufs- und Vertriebsleitern die Anweisung, dem Verkaufs- und Kassenpersonal eine eindeutige Botschaft zu vermitteln: Man werde das Personal austauschen oder entlassen, falls es Bereitschaft gäbe, einen Betriebsrat zu gründen. Das berichteten Betroffene bei Filialbesuchen von ver.di-Gewerkschaftern.

Wo auch das nicht hilft, wird getrickst und man baut neue Drohkulissen auf. Zwei Beispiele aus Nordrhein-Westfalen, die Schule gemacht haben: Im

Frühjahr 2002 gliederte Lidl von einem Tag auf den anderen etwa 120 Filialen aus der Niederlassung Unna in eine eigenständige Vertriebsgesellschaft aus und verhinderte mit diesem Schachzug, dass ein gemeinsamer, für alle Läden, das Lager und die Verwaltung zuständiger Betriebsrat gewählt wurde.

Wenig später wurde überall in der Bundesrepublik die Trennung der Läger von der jeweiligen Vertriebsregion vollzogen. Das offensichtliche Kalkül dabei: In kleineren Strukturen ist es viel schwieriger, Arbeitnehmervertretungen zu bilden. Dafür spricht auch, dass die Zentrale in Neckarsulm sich bislang strikt weigert, mit ver.di eine nach Gesetz mögliche Vereinbarung über Regionalbetriebsräte abzuschließen.

Fast genau ein Jahr nach Unna nahm der ver.di-Fachbereich Handel in Nordrhein-Westfalen erneut Anlauf: Nach einer Reihe von Filialbesuchen, bei denen Beschäftigte den Wunsch nach einem Betriebsrat äußerten, lud die Gewerkschaft das Personal von elf Filialen für Anfang April 2003 zu einer Wahlversammlung ein. Doch daraus wurde nichts: Außer mehreren Lidl-Managern, die sich auffällig an allen Zugängen des Saales postierten, kam niemand. Alle Eingeladenen waren kurzfristig zu »Schulungsmaßnahmen« verpflichtet worden.

Während es für viele Großflächenbetriebe von Kaufland (SB-Warenhäuser und Verbrauchermärkte) mit Hilfe von ver.di mittlerweile gelungen ist, Betriebsräte zu wählen und Gesamtbetriebsräte zu bilden, arbeitet eine überwältigende Mehrheit des meist weiblichen Lidl-Personals also faktisch ohne den Schutz des Betriebsverfassungsgesetzes. Unsere Recherchen haben so viele Fälle von menschenunwürdiger Gängelung, unbezahlter Mehrarbeit, Austausch von Stammpersonal gegen billigere Kräfte, Missach-

TOP 10 IM LEBENSMITTELHANDEL (DEUTSCHLAND)

	Unternehmen	Food-Umsatz 2003 in Mio Euro**
1	Edeka-Gruppe	24.406***
2	Rewe Zentral AG	21.164
3	Aldi Gruppe	19.200*
4	Schwarz-Gruppe	17.245
5	Metro AG	14.305
6	Spar Handels AG	8.370
7	Tengelmann Gruppe	7.873
8	Lekkerland-Tobaccoland GmbH & Co. KG	6.584
9	Schlecker	5.320
10	Dohle-Handelsgruppe Service GmbH & Co.KG	2.376

Quelle: Trade Dimensions / M+M EURODATA 3/2004
*geschätzt, ** incl. Außenumsatz des selbstständigen Einzelhandels, *** incl. AVA

tung des Gesundheitsschutzes, Bespitzelung und willkürlicher Arbeitseinteilung ergeben, dass nur ein Schluss übrig bleibt: Das alles sind wesentliche Bestandteile des Systems Lidl, das insbesondere seit 1990 erfolgreich auf dem wirtschaftlichen Vormarsch ist.

36-facher Umsatzmilliardär:
Da lächelt fast niemand mehr

Als der Kaufmann Dieter Schwarz 1978 die nationale Expansion der Lidl-Märkte startete, nahm das die Konkurrenz nur müde lächelnd zur Kenntnis. Aldi Nord und Aldi Süd der Brüder Albrecht waren damals bereits eine Nummer im Handel und führten den erstarkenden Discount-Bereich unangefochten an. Davon kann heute so ohne weiteres keine Rede mehr sein, auch wenn das von einigen Medien gern benutzte Bild eines Zweikampfes von Lidl und Aldi nicht ganz stimmig ist, denn beim Umsatzvolumen der Schwarz-Gruppe sind die SB-Warenhäuser berücksichtigt. Aldi aber hat diese großflächige Vertriebsform nicht und erzielt den gesamten Umsatz im klassischen Discount-Bereich der Kleinfläche, wo sich mit Norma, Penny, Plus und Netto weitere Konkurrenten tummeln.

Die Aldi-Gruppe setzte 2003 nach Berechnungen von Marktforschern, die sich auf die Unternehmensangaben zum Deutschland-Geschäft stützen konnten, national und international 39,04 Milliarden Euro um. Doch Lidl/Kaufland ist im selben Jahr auf rund 32 Milliarden Euro herangerückt. Das lässt sich erstmals mit hoher Sicherheit sagen, weil im Januar 2004 sensible Informationen durch die dichte Informationssperre, die Schwarz um seine Unternehmensgruppe legt, nach außen gelangten:

Der »Wirtschaftswoche« wurden interne Zahlen zugespielt, nach denen sich der Jahreserlös im Jahr 2002 auf 28,85 Milliarden Euro belief, während er 1990 erst bei 2,59 Milliarden Euro lag. Auf Grundlage von Erhebungen der Nürnberger Gesellschaft für Konsumforschung (GfK) kommt das Blatt zu dem Schluss, dass der Umsatz in 2003 noch einmal um drei Milliarden Euro gesteigert werden konnte. Dass dies noch lange nicht das Ende der Fahnenstange sein soll, macht eine andere Information deutlich. Für 2004 peile man 35 Milliarden Euro Umsatz an, ließ die Schwarz-Gruppe im Juli 2004 die Fachpresse wissen. Anfang Dezember wurde die Zahl dann auf 36 Milliarden Euro korrigiert. Eingeschlossen in die jeweiligen Umsatzzahlen ist das stark expandierende Auslandsgeschäft der Lidl-Discountmärkte und der Großflächen (Kaufland). Ob die lancierte Umsatzzahl von 36 Milliarden Euro zutrifft oder nur dazu dienen soll, Marktmacht für günstige Einkaufskonditionen zu demonstrieren, muss allerdings dahingestellt bleiben, solange keine Jahresabschlüsse veröffentlicht werden.

Auch wenn das operative Geschäft beider Vertriebsschienen seit Mitte der 80er Jahre strikt voneinander getrennt geführt wird, laufen letztlich alle Fäden in Neckarsulm zusammen. Hier schaltet und waltet der Firmengründer Dieter Schwarz (Jahrgang 1939), der alle öffentlichen Auftritte meidet und über sein Firmengeflecht aus rund 600 Gesellschaften praktisch eine Informationssperre verhängt hat. Bilanzen sind Geheimsache und Unternehmensentscheidungen bei Lidl werden – wenn sie überhaupt bekannt werden – auch nach Einschaltung einer PR-Agentur nur spärlich erläutert.

Wie die gesellschaftsrechtlichen Strukturen bei Lidl und Kaufland tatsächlich aussehen, ist Gegenstand langwieriger Nachforschungen, die immer wieder durch Umfirmierungen sowie Neugründungen von GmbH & Co.KGen und Stiftungen erschwert werden. Auch Anfragen von Journalisten blieben bis Anfang Dezember 2004 in der Regel ohne jede Antwort.

A.HA.

DIE »NEUE OFFENHEIT«

Unter dem Druck der Veröffentlichung des »Schwarz-Buch Lidl« hat Klaus Gehrig, Chefmanager von Lidl/Kaufland, Anfang Dezember 2004 erstmalig ein Fernsehinterview gegeben und Unternehmenszahlen veröffentlicht. Danach kommt die Schwarz-Gruppe im Jahr 2004 europaweit auf einen Jahresumsatz von 36 Milliarden Euro. In rund 6.000 Lidl-Filialen sind 80.000 der insgesamt 151.000 Beschäftigten tätig. 2.500 Lidl-Filialen mit 33.000 Beschäftigten gibt es in Deutschland.
Die »neue Offenheit« des Konzerns zeigte sich auch in einer millionenschweren Anzeigenkampagne, bei der sich die Schwarz-Gruppe brüstete, in den letzten drei Jahren 45.000 neue Arbeitsplätze (davon 20.000 in Deutschland) geschaffen zu haben.
Viele Fragen blieben allerdings offen: Wie sind die neuen Jobs beschaffen? Wie hoch ist der Anteil von Vollzeit- und Teilzeitstellen? Wie viele geringfügige Beschäftigungsverhältnisse sind darunter? Auch das fand bisher keine Erwähnung: Im Handel spielt sich ein sehr harter Verdrängungswettbewerb ab, in dem die Discounter Anteile gewinnen. Nach Schätzungen von ver.di fallen für jeden neuen Arbeitsplatz bei Lidl bis zu zwei Arbeitsplätze in anderen Vertriebsformen weg.
Die »neue Offenheit« stößt auch hinsichtlich des Umsatzes schnell an ihre Grenzen. Die Zahlen für die Märkte von Lidl/Kaufland in Deutschland sollen nach den Worten Gehrigs nicht bekannt gegeben werden. Frage in einem Zeitungsinterview: »Verraten Sie die Umsatzzahlen für Deutschland?« Gehrigs eindeutige Antwort: »Nein...«

Dieter Schwarz stiftet zielgerichtet

Denkmäler, Professuren und eine Business School

Der »Heilbronner Kaufmann Dieter Schwarz« habe für seine Stiftung »die besondere Form der gemeinnützigen GmbH gewählt und ist so niemandem Rechenschaft schuldig«, berichtete vor zwei Jahren die Industrie- und Handelskammer Heilbronn-Franken. »Die GmbH ›beschafft‹ das Geld aus den Erträgen der ebenfalls in Stiftungsform organisierten Schwarz-Firmengruppen.« Diese Stiftungen sind selbstverständlich gewinnorientiert und keineswegs gemeinnützig, kann hier ergänzt werden.

Dieter Schwarz unterstützt mit seiner gemeinnützungen Stiftung vielfältige Projekte. Seit langer Zeit engagiere er sich für »soziale Belange«, so Stiftungsgeschäftsführer Erhard Klotz. Unsere Recherchen ergeben ein facettenreicheres Bild.

So soll ab 2005 mit jährlich zwei Millionen Euro in Heilbronn eine Studienfiliale der Steinbeis-Stiftung finanziert werden. Auf der »Steinbeis Business School« wird es ehrgeizigen Managern, Jungakademikern sowie Absolventen von Fachhochschulen und Berufsakademien ermöglicht, höhere Abschlüsse (Bachelor, Master, Promotion) zu absolvieren. Die Business School ist ein Ableger der privaten Steinbeis-Hochschule Berlin, die sich selbst als »Karriereschmiede für den Führungsnachwuchs« darstellt. Gelder von Dieter Schwarz fließen auch in mehrere Stiftungsprofessuren an verschiedenen Universitäten.

Projekte, die schon eher das Etikett »soziale Belange« rechtfertigen, sind die Sanierung des Heilbronner Kiliansturms (1,53 Millionen Euro aus der Schwarz-Stiftung) sowie die Mitwirkung im baden-württembergischen Stifterverbund zur Förderung Sozialen Lernens.

EINLEITUNG

In der Akademie für Information und Management gGmbH (aim), die 2002 zusammen mit der IHK Heilbronn-Franken gegründet wurde, soll wie in der Business School Führungsnachwuchs qualifiziert werden. Auf dem Programm standen bisher u.a. ein Lehrerweiterbildungstraining sowie ein Schulprojekt zur »Einführung und Umsetzung von Qualitätsentwicklung«. Im Pädagogen-Training behandelt wurde auch das Thema »Konflikt als Chance«.

A.HA.

Dieter Schwarz

Dieter Schwarz TV (Testamentsvollstreckungs)-Vermögensverwaltung GmbH

Geschäftsführer
Hermann-Josef Hoffmann
Gesellschafter:
Dieter Schwarz

Günter Fergen,
Werner Hoffmann,
Richard Lohmiller,
Richard Meyer,
Hans-Henning Offen,
Dr. Gerhard Rüschen,
Dr. Walter Zügel

Klaus Gehrig

phG Komplementär   phG Komplementärin   Kommanditisten

Schwarz Geschäftsführungs-GmbH
Ges.+ GF: Günter Fergen, Werner Hoffmann

Schwarz GmbH & Co. KG
Kontrollinstanz der Kommanditisten gegenüber den Komplementaren

phG

Schwarz Unternehmenstreuhand KG (SUT)
(Strategische Schaltzentrale, hält alle Stimmrechte aber kaum Anteile, a.o. Mitglieder: Dieter Schwarz, Walter Hermann)

Dieter Schwarz Stiftung gGmbH
(Finanzholding, hält fast alle Anteile, aber keine Stimmrechte)
GF: Dieter Schwarz, Dr. Erhard Klotz
Ges.: Dieter Schwarz, Prof. Dr. Manfred Erhardt, Dr. Erhard Klotz, Dr. Walter Zügel, Dieter Schwarz Stiftung

0,1%   99,9%

Schwarz Beteiligungsgesellschaft mbH
GF: Hermann-Josef Hoffmann, Richard Meyer, Klaus Gehrig, Bernd Pfeiffer, Dr. Joachim Maier
Ges. Dieter Schwarz

100%   100%

Lidl Stiftung & Co. KG
phG: Dieter Schwarz, Schwarz Beteiligungs GmbH, Handelshof Stiftung, Lidl Stiftung & Co. Beteiligungs-GmbH
Kommanditistin: Lidl Stiftung & Co. Verwaltungs-GmbH

Kaufland Stiftung & Co. KG
phG: Familienstiftung Schwarz, Dieter Schwarz Geschäftsführungs KG, Kaufland Stiftung & Co. Beteiligungs GmbH
Kommanditist: Dieter Schwarz

70%   30%

Diverse Immobiliengesellschaften, die von der Schwarz Immobilienverwaltung GmbH & Co. KG oder von der Familie Schwarz gehalten werden

Künftige Unternehmensstruktur (zum Teil nach »Wirtschaftswoche«): Die Darstellung stützt sich überwiegend auf öffentlich zugängliche Informationen, zum geringeren Teil auf anonym zugespieltes Material. Aufgrund von Umfirmierungen, Neugründungen und Ausgliederungen, die zur Geschäftspraxis der Schwarz-Gruppe gehören, kann der dargestellte Stand in Details kurzfristig unaktuell werden. Das dürfte allerdings nicht für die strategische Bedeutung der Schwarz Unternehmenstreuhand KG und der Dieter Schwarz Stiftung gGmbH zutreffen.
* phG = persönlich haftende/r Gesellschafter/in

Verschleierte Macht im Stiftungsgeflecht

Über 600 Firmen und ständig Neugründungen

Wenigstens acht Stiftungen unterschiedlicher Art sowie mehr als 600 Gesellschaften gehören zum Unternehmensgeflecht der Schwarz-Gruppe. Eine hervorgehobene Bedeutung kommt der Dieter Schwarz Stiftung gGmbH zu. Sie kann als steuersparender »Parkplatz« für Erträge aus den operativen Kaufland- und Lidl-Gesellschaften gelten, weil bei dieser Rechtsform u.a. Steuervorteile und Steuerbefreiungen zum Tragen kommen. Fachleute sprechen von einer »Finanzzwischenholding«. Das »g« vor GmbH steht für gemeinnützig – nur fünf Millionen Euro pro Jahr werden allerdings für »soziale Belange« verwendet, wie Geschäftsführer Erhard Klotz (66) im Spätsommer 2004 bekannt gab.

Das eigentliche Machtzentrum der Schwarz-Gruppe ist die Schwarz Unternehmenstreuhand KG (SUT). Dieser Führungsholding wurden 1999 alle Stimmrechte an der Schwarz Beteiligungs GmbH übertragen, in die Dieter Schwarz damals sein Firmenvermögen – mit Ausnahme der Immobilien – einbrachte. Über keine Stimmrechte, aber fast alle Anteile (99 Prozent) an der Beteiligungs GmbH verfügt die Dieter Schwarz Stiftung gGmbH.

Unterhalb der Schwarz Beteiligungs GmbH sind u.a. die Lidl-Stiftung und die Kaufland-Stiftung mit zahlreichen Einzelgesellschaften angesiedelt – u.a. sind das die Lidl-Regionalniederlassungen mit jeweils Lager und Verwaltung sowie die 2002 ausgegliederten Vertriebsgesellschaften mit den Filialen.

Mit der TV-GmbH, der im letzten Quartal 2003 notariell beglaubigten Dieter Schwarz Testamentsvollstreckungs/Vermögensverwaltungs GmbH,

Mit den extremen *Verschachtelungen setzt der Handelskonzern aus Neckarsulm negative Maßstäbe in der europäischen Handelslandschaft: Es geht offenkundig um die bestmögliche Verschleierung von Macht- und Entscheidungsstrukturen. Sowohl die Pflicht zur Veröffentlichung von Jahresabschlüssen als auch Mitspracherechte der Arbeitnehmerseite konnten auf diesem Weg bislang unterlaufen werden.*

soll sicher gestellt werden, dass die Unabhängigkeit des Unternehmens einschließlich der Vertriebssparten sowie der Einfluss der Familie auch in Zukunft gesichert sind.

Die neue Obergesellschaft hat im Machtzentrum SUT nach Darstellung der »Wirtschaftswoche« zwar keine grundsätzlichen Stimmrechte und keine Beteiligungen an Ertrag und Vermögen, kann aber z.B. blockierend eingreifen, falls eine Änderung des Gesellschaftsvertrags ansteht.

»Die Struktur der Dieter-Schwarz-Gruppe ist typisch für Familienunternehmen, die insbesondere Transparenz und Mitbestimmung vermeiden wollen«, so der Düsseldorfer Rechtsanwalt und Volkswirtschaftler Thomas Schmidt in einem Mitte 2004 vorgelegten Zwischenbericht zu den gesellschaftsrechtlichen Verflechtungen, die er im Auftrag von ver.di erforscht. Auf seinen bisherigen Untersuchungsergebnissen – sie können an dieser Stelle aus nahe liegenden Gründen nicht im Detail dargestellt werden – sowie Recherchen der »Wirtschaftswoche« basiert die Grafik zur Unternehmensstruktur auf Seite 12. A.HA.

Externe Helfer, interne Macher

Das »Who is who?« der Schwarz-Gruppe: Knallharte Manager, Banker und Lobbyisten

Konzerne wie die Schwarz-Gruppe setzen neben knallharten Managern auch erfahrene Lobbyisten ein, um ein möglichst erfolgreiches Miteinander von Profit und Politik zu gestalten. Der Blick auf das »Who is who?« innerhalb des Firmengeflechts von Dieter Schwarz und auf seine externen Helfer lässt neue Zusammenhänge erkennen.

Dieter Schwarz (65): Gründer von Lidl-Discount und Kaufland, der darum bemüht ist, keine persönlichen und Unternehmensinterna in die Öffentlichkeit dringen zu lassen. Verheiratet, zwei erwachsene Töchter. Hat in der Schwarz-Gruppe Vetorecht, mit dem er weitreichende unternehmerische Entscheidungen abblocken kann, und ist Generalbevollmächtigter. Seit mehr als zwei Jahren »persönlich haftender Gesellschafter in allen deutschen operativen Gesellschaften« (Lebensmittel-Zeitung). Auf diesem Weg wird bisher die Veröffentlichung von Geschäftsabschlüssen verhindert. Verwaltungsratsmitglied der Kreissparkasse Heilbronn und Beiratsmitglied der AOK.

Klaus Gehrig (56): Der aktuell starke Mann in der gesamten Schwarz-Gruppe; ist seit 1. März 2004 alleiniger Komplementär in der Schwarz Unternehmenstreuhand KG (SUT); gleichzeitig Vorsitzender der nur von der Kapitalseite besetzten Aufsichtsräte bei Lidl und Kaufland. Hat nach offizieller Darstellung aus Neckarsulm die »Unternehmerposition in der Unternehmensgruppe Schwarz« übernommen. Kommt ursprünglich von Aldi.

Hans Henning Offen (63): Diplom-Kaufmann; Kommanditist der Schwarz Unternehmenstreuhand KG (SUT). Darüber hinaus hat er in der Schwarz-Unternehmensgruppe Aufsichtsratsmandate bei der Familienstiftung Schwarz, bei der Kaufland Stiftung & Co. KG und bei der Lidl Stiftung & Co. KG. Offen war bis Mitte 2003 stellvertretender Vorstandsvorsitzender der WestLB-Bank, die der Schwarz-Gruppe in den Jahren 2000 und 2001 über so genannte Genussscheine rund 260 Millionen Euro Kapital zuführte (Grafik

Seite 17). Weitere Aufsichtsratsmandate: Touristikkonzern TUI, Gildemeister AG, RWE Plus AG, Thyssen Krupp Materials AG, WestIntell AG (Vorsitzender). An seinem Wohnort Großhansdorf (bei Hamburg) tritt er als Stifter der »Jung- und Alt-Stiftung« auf.

Dr. Gerhard Rüschen (63): Betriebswirt, Industriemanager; Kommanditist der Schwarz Unternehmenstreuhand KG (SUT). Ehemaliger Vorstandsvorsitzender des Nahrungsmittelkonzerns Nestlé AG (1981 bis 1992). Bis 1997 Aufsichtsratsvorsitzender und aktuell Aufsichtsratsmitglied bei Nestlé. Aufsichtsratsvorsitzender der Duale System Deutschland GmbH und einer der Initiatoren des »Grünen Punktes«. Rüschen gehört dem Beraterkreis der Deutschen Bank an. Mit eigenem Geld engagierte er sich als Gesellschafter und Aufsichtsratsmitglied in der Messer Griesheim Group (Vermarktung von Industriegasen).

Prof. Manfred Erhardt (65): Jurist; Gesellschafter der Dieter Schwarz Stiftung gGmbH (DSSG). In den 80er Jahren CDU-Fraktionsgeschäftsführer in Baden-Württemberg, von 1991 bis 1996 Senator für Wissenschaft und Forschung in Berlin. Aktuell ist Erhardt u.a. Generalsekretär des Stifterverbandes für die Deutsche Wissenschaft (Präsident: Arend Oetker vom gleichnamigen Konzern), die Forschungsgelder von der Wirtschaft einsammelt. Macht sich seit langem stark für Studiengebühren und Privatuniversitäten. So beispielsweise auch bei einem Vortrag vor Burschenschaftlern zum Thema »Es ist Zeit für mehr Wettbewerb – weniger Staat«. Gründete als Jura-Student und Leutnant der Reserve eine wehrpolitische Hochschulgruppe.

Dr. Dr. h.c. Walter Zügel (72): Bankmanager; Kommanditist der Schwarz Unternehmenstreuhand KG (SUT) und Gesellschafter der Dieter Schwarz Stiftung gGmbH. Sitzt auch im Verwaltungsrat der Akademie für Information und Management (aim), die 2001 gemeinsam von der Industrie- und Handelskammer Heilbronn-Franken (IHK) und der DSSG als Qualifizierungseinrichtung für Fach- und Führungskräfte gegründet wurde. Mitglied der CDU, hatte früher Mandate auf kommunaler Ebene. Zügel war Vorstandsvorsitzender der Landesgirokasse Baden-Württemberg und hat noch heute viele Aufsichtsratsmandate (u.a. bei Porsche) und Ehrenämter. Er ist Träger des Großen Verdienstkreuzes des Verdienstordens der Bundesrepublik Deutschland und ihm werden hervorragende persönliche Kontakte zu den ehemaligen Ministerpräsidenten Baden-Württembergs, Späth und Teufel (beide CDU) nachgesagt.

Armin Sohler: Wirtschaftsprüfer; Geschäftsführer der Ernst & Young Heilbronner Treuhand GmbH. Mitglied des Aufsichtsrates der Intersport Deutschland eG (Einkaufsverbund für über 1700 Fachgeschäfte). Sitz im Verwaltungsrat der von IHK und Schwarz-Stiftung gegründeten aim-

Akademie. Wie die Rechtsanwälte **Bertold Gaede** und **Eckart Lohbeck** gehört Sohler laut »Wirtschaftswoche« zu den engsten Vertrauten von Dieter Schwarz. Alle drei werden als künftige Geschäftsführer der Dieter Schwarz TV-Vermögensverwaltungs GmbH genannt.

Dr. Erhard Klotz (66): Ex-Oberbürgermeister in Neckarsulm (1971 bis 1992), von der SPD nominiert. War auch Geschäftsführer des Städtetages Baden-Württemberg. Klotz ist zusammen mit Dieter Schwarz Geschäftsführer und Gesellschafter der Dieter Schwarz Stiftung gGmbH (DSSG). Sitzt im Verwaltungsrat der aim-Akademie und ist Aufsichtsratsvorsitzender der Volksbank Heilbronn.

Anton Schlecker (60): Gelernter Metzgermeister; Unternehmer. Zusammen mit seiner Frau Christa ist er Eigentümer der gleichnamigen Drogeriemarkt-Kette (europaweit fast 14.000 Filialen). Aufsichtsratsmitglied in der Schwarz-Gruppe. Mit rund 76 Millionen Euro beteiligte sich Schlecker an der Finanzierung der Auslandsexpansion von Lidl/Kaufland. Das geht aus internen Unterlagen hervor, die der Presse zugespielt wurden. Auf Druck einer öffentlichen und betrieblichen Kampagne der Gewerkschaft HBV in Baden-Württemberg, die jetzt zu ver.di gehört, wurde Schlecker in den 90er Jahren gezwungen, Tarifverträge abzuschließen und Betriebsratswahlen zuzulassen. Ein Gerichtsverfahren endete mit Strafbefehlen wegen Tarif-

FINANZIERUNG DER EXPANSION ÜBER GENUSSSCHEINE

Familie	Mio. Euro
Regine Arend, geb. Schwarz	3,83
Monika Römer, geb. Schwarz	3,83
Extern:	
Schlecker	51,13
Schlecker Frankreich	25,56
Gold Richtig GmbH	17,90
Markant Finanz AG	5,11
Snoek	2,56
West LB	20,45
LBBW	17,90
Kreissparkasse Heilbronn	12,78

Dieter Schwarz 97,525 % → Schwarz Beteiligungs-GmbH Neckarsulm
Schwarz Unternehmenstreuhand KG (SUT) 2,475 %
Genussscheine

West LB	262,6
private Investoren	17,38
Berliner Bank	50,00

Lidl Stiftung & Co. KG
Beta Finanz GmbH
Alpha Finanz GmbH
Genussscheine

Stand 28. Februar 2003, Beiträge gerundet

betrugs gegen das Ehepaar Schlecker. Sie mussten zusammen zwei Millionen DM zahlen und wurden zu je zehn Monaten Haft auf Bewährung verurteilt. Im Unternehmen Schlecker gibt es etwa 80 Betriebsräte, die allerdings nur für 3.000 der rund 11.000 Filialen in Deutschland zuständig sind. Immer wieder kommt es zu Klagen über die Behinderung der Betriebsratsarbeit bzw. der Neuwahl von Betriebsräten.

Günter Steffen: Hauptgeschäftsführer der Industrie- und Handelskammer Heilbronn-Franken (IHK). Verfügt über langjährige Kontakte zu Dieter Schwarz. Bei seinen öffentlichen Auftritten gibt Steffen klare politische Bekenntnisse ab. So hält er den Begriff »soziale Gerechtigkeit« für ein Totschlagargument, »mit dem die Leistungsstarken weiter belastet und in

AUS DER SCHWARZ-CHRONIK

1930 Der Kaufmann Josef Schwarz tritt als Komplementär in die Südfrüchte Großhandlung Lidl & Co. in Heilbronn ein. Die Firma wird in Lidl & Schwarz KG umbenannt und zu einer Lebensmittel-Großhandlung ausgebaut. Nach Kriegszerstörungen erfolgte Wiederaufbau Anfang der 50erJahre.

1954 Eintritt in die A & O-Handelskette.

1968 Der erste Verbrauchermarkt unter dem Namen »Handelshof« (1.200 qm) wird in Backnang eröffnet.

1972 Verlegung der Unternehmenszentrale nach Neckarsulm.

1973 Start des ersten kleineren Discount-Markts in Ludwigshafen. In den Jahren danach Tests verschiedener Ladentypen.

1977 Das erste SB-Warenhaus wird als »Handelshof« (6.000 qm) in Backnang eröffnet. Josef Schwarz stirbt im Alter von 74 Jahren. Das Unternehmen leitet künftig sein Sohn Dieter Schwarz allein.

1978 Beginn der nationalen Expansion von Lidl.

1984 Das erste Kaufland SB-Warenhaus (15.000 qm) eröffnet in Neckarsulm.

1990 In den neuen Bundesländern wird das erste Kaufland SB-Warenhaus in Meißen eröffnet.

2004 Die schnelle nationale sowie internationale Expansion von Lidl (seit 1988/89) und Kaufland (seit 1998) wird fortgesetzt.

ihrem Leistungswillen und ihrer Leistungsfähigkeit weiter geschwächt« würden. Trotz Hartz IV und der vielen anderen gravierenden Maßnahmen zum Sozialabbau vertrat Steffen bei einer IHK-Veranstaltung die Meinung, die Gewerkschaften säßen »quasi auf dem Schoß des Kanzlers«. Ist neben den Schwarz-Gefolgsleuten Zügel, Klotz und Sohler im Verwaltungsrat der aim-Akademie vertreten.

Richard Meyer (65): Lange Jahre neben Gehrig Komplementär in der Schwarz Unternehmenstreuhand KG (SUT); wechselte im März 2004 in die Rolle des Kommanditisten und gab den Kaufland-Aufsichtsratsvorsitz an Klaus Gehrig ab. Zum Generalbevollmächtigten der Schwarz-Gruppe berufen. Seit 1968 für Schwarz tätig. Gilt als Experte für Expansion.

Günter Fergen (65): Galt viele Jahre als »Mr. Kaufland«. Bis 30. September 2004 gemeinsam mit Heinz Andrejewski Vorstandsvorsitzender der Kaufland-Stiftung, seither stellvertretender Kaufland-Aufsichtsratsvorsitzender. Gehört wie Richard Meyer, Hermann-Josef Hoffmann (Geschäftsführer TV-GmbH), Werner Hoffmann (Finanzexperte, SUT-Kommanditist) und Richard Lohmiller sen. (SUT-Kommanditist) zur »alten Garde« der Lidl/Kaufland-Manager um Dieter Schwarz. Zum Generalbevollmächtigten der Schwarz-Gruppe berufen.

Heinz Andrejewski (51): Seit 1. Oktober 2004 alleiniger Vorstandsvorsitzender der Kaufland-Stiftung, nachdem Günter Fergen den gemeinsamen Vorstandsvorsitz abgegeben hat. Andrejewski ist seither neuer starker Mann bei Kaufland, muss seine Entscheidungen aber vor Gehrig, Meyer und Schwarz rechtfertigen. Selbst nach offizieller Darstellung bedürfen die Investitionspläne der Kaufland-Geschäftsleitung der Zustimmung von Dieter Schwarz.

Frank Lehmann (41): Soll ab März 2005 neuer Chef von Kaufland in Deutschland werden. Lehmann hat in den vergangenen Jahren die Expansion der Großflächen-Discounter in Tschechien und anderen osteuropäischen Ländern verantwortet. Nach seinem Amtsantritt wird er an den Vorstandsvorsitzenden Andrejewski berichten. A.HA.

Der ganz normale Wahnsinn:

Verkäuferin bei Lidl

Maren K. (Name geändert), seit mehr als vier Jahren in verschiedenen Berliner Lidl-Filialen beschäftigt, über ihren Alltag

Wenn ich in der Frühschicht arbeite, muss ich um 6 Uhr in der Filiale sein. Bis zur Öffnung um 8 Uhr müssen wir Obst, Gemüse, Brot und Non-Food-Artikel auspacken und in die Regale räumen. Für alle anderen Waren gibt es ein Packteam.

Ab 8 Uhr sitze ich in der Kasse – mehr oder weniger pausenlos bis zum Schichtende um 14 Uhr. Echte Pausen gibt es nicht, höchstens mal für eine Zigarette oder für einen Gang zur Toilette kann ich die Kasse verlassen. Aber vielleicht bekommen wir ja irgendwann Windeln von Lidl gestellt...

Die Nachmittagsschicht beginnt in der Regel um 14 Uhr und endet gegen 21, 21.30 Uhr. Nachdem die Filiale um 20 Uhr geschlossen worden ist, müssen wir aufräumen, Frischware ausräumen und putzen. Bei der Schichteinteilung können wir zwar mitreden, aber typisch ist, dass wir gefragt werden, ob wir eine Stunde länger bleiben oder auch früher kommen können.
Die Einsatzpläne gibt es mal zwei Wochen im Voraus, dann wieder mit nur drei Tagen Vorlauf. Und oft werden die Pläne kurzfristig geändert.

Pro Minute muss jede Lidl-Verkäuferin vierzig Produkte über den Kassenscanner ziehen. Wer diese Vorgabe vier Monate nach der Einstellung nicht schafft, fliegt. Zur Not werden dafür dann auch Kündigungsgründe konstruiert; etwa der Griff in die Kasse oder in die Pfandkasse. Allerdings sind bei uns inzwischen die separaten Pfandkassen abgeschafft worden; die Kunden erhalten jetzt einen Bon, der an der Hauptkasse verrechnet wird.

Doch mit der Begründung, dass Geld aus der Kasse verschwunden ist, sind schon etliche rausgeflogen. Leider können Filialleiter und andere Vorgesetzte jederzeit an unsere Kassenboxen, so dass Manipulationen möglich sind. Seltsamerweise haben bei den Kolleg/innen, die angeblich in die Kasse gegriffen hatten, immer glatte Beträge, also beispielsweise fünfzig Euro, in der Abrechnung gefehlt.

Als weiterer Kündigungsgrund werden außerdem sehr gerne Testkäufe genutzt. Wenn jemand unbedingt durchfallen soll, gibt es unzählige Möglichkeiten, uns Verkäuferinnen auszutricksen. Da werden zum Beispiel zwei große Kartons mit Milchpackungen in den Wagen gestellt, und im unteren Karton ist ein Paket Kaffee versteckt. Oder aber es wird ein teures Kosmetikprodukt in den Umkarton eines billigeren gepackt. Wenn wir bei jedem Kunden nachprüfen würden, ob sie auf diese Weise etwas durchmogeln, dann könnten wir niemals vierzig Scanvorgänge pro Minute schaffen. Und damit wäre schon wieder ein Kündigungsgrund geschaffen.

Für mich selbst gibt es einen einzigen Grund, aus dem ich bei Lidl bleibe, und das ist das Geld. Ich bin inzwischen bei einem Stundenlohn von 12 Euro Brutto angelangt; das ist dann allerdings für eine Verkäuferin auch der Höchstlohn, und ich habe einen unbefristeten Vertrag. Auch Überstunden werden bezahlt. Allerdings muss sich jede Verkäuferin darum mehr oder weniger intensiv kümmern. Es ist auch schon passiert, dass sich eine Filialleiterin die Überstunden ihrer Mitarbeiterinnen und Mitarbeiter aufgeschrieben hat.

ECHTE PAUSEN GIBT ES NICHT, HÖCHSTENS MAL FÜR EINE ZIGARETTE ODER FÜR EINEN GANG ZUR TOILETTE KANN ICH DIE KASSE VERLASSEN

Die Personalstärke in den Filialen ist sehr unterschiedlich, aber grundsätzlich sind zu wenig Leute da. Wenn nach Einschätzung der Vorgesetzten angeblich zu viel Personal anwesend ist, werden Mitarbeiterinnen auch schon mal nach Hause geschickt. Gerne setzt Lidl Teilzeitkräfte ein, die nach Möglichkeit täglich arbeiten kommen. Ich habe Kolleginnen mit Sechzig-Stunden-Verträgen, die tatsächlich bis zu 160 Stunden im Monat arbeiten – oft als Springer in mehreren Filialen.

Ich lasse mich nicht so leicht einschüchtern. Bisher habe ich gegenüber Filial- oder Bezirksleitern immer meine Meinung gesagt. Aber viele trauen sich das nicht und geben lieber den Job auf, als sich gegen den ständigen Druck und gegen Mobbing zu wehren. Lidl ist es egal, wie lange die Leute in der Firma bleiben. Die setzen darauf, dass sie jederzeit neues Personal bekommen – und das trifft ja auch zu.«

Interview

»Ich hätte in dieser Situation sogar mein Todesurteil unterschrieben«

Christine C. bezeichnet sich selbst als Vollblutverkäuferin. »Ich habe für die Firma Lidl gelebt«, sagt sie. Zuletzt als stellvertretende Leiterin einer Filiale im Nürnberger Raum. Eine bis eineinhalb unbezahlte Überstunden täglich hielt sie für normal. »Das war mehr oder weniger freiwillig, ich habe ja gut verdient«. Gleichzeitig setzte sie sich allerdings dafür ein, dass die von 7 Uhr bis 7.30 Uhr – vor Ladenöffnung – geleistete Arbeitszeit der anderen Beschäftigten bezahlt wurde. Soviel Anstand erregte Anstoß bei der übergeordneten Vertriebsleitung, die aber einlenken musste. Dann erfolgte im Januar 2004 nach sechs Jahren plötzlich der Rausschmiss. Drei Stunden Kreuzverhör, psychischer Druck und Drohungen durch einen Revisor führten dazu, dass Christine C. selbst kündigte, obwohl der Vorwurf des Diebstahls von 12,50 Euro Pfandgeld ganz offensichtlich konstruiert und völlig haltlos war. »Ich hätte in dieser Situation sogar mein Todesurteil unterschrieben«, erinnert sie sich heute. Monatelang war die Kollegin so schockiert, dass sie jedem Gespräch mit uns auswich. Schließlich kam das Treffen doch noch zustande.

Wie erklären Sie sich, dass es die Firma Lidl gerade auf Sie abgesehen hatte?
   CHRISTINE C.: Das kam völlig überraschend. Ich bin stellvertretende Marktleiterin gewesen, mit Leib und Seele Verkäuferin und bin jeden Tag mit Freude auf die Arbeit gegangen. Ich habe für die Firma Lidl gelebt. Aber ich habe mich immer für meine Kolleginnen eingesetzt, damit jede gearbeitete Stunde auch bezahlt wird. Dabei bin ich natürlich bei der Vertriebsleitung auf Widerstand gestoßen.

Lidl behauptet, dass es keine unbezahlten Überstunden gibt...
   Es gibt die so genannten freiwilligen Vor- und Nacharbeiten. Ich habe zum Bei-

spiel um 6.30 Uhr angefangen, obwohl ich erst ab 8 Uhr bezahlt wurde. Das war aber freiwillig, sagen wir mal so, sonst wären wir nicht fertig geworden und ich habe sonst ja gut verdient. Wir hatten jeden Tag vier Paletten, die bis zur Ladenöffnung eingeräumt sein mussten. Meine Kolleginnen kamen gegen 7 Uhr oder 7.15 Uhr, bezahlt wurde ab 7.30 Uhr. Sie haben dann allerdings gesagt, dass sie die Zeit bezahlt haben wollen. Da habe ich mich eben für sie eingesetzt. Schließlich sind die Stunden der Mitarbeiter dann bezahlt worden, wobei eine viertel Stunde in der Früh als Pause zählte.

Und Sie haben weiter unbezahlt gearbeitet?
Wie gesagt, ich habe nicht schlecht verdient. Und ich hab das mehr oder weniger freiwillig gemacht. Das waren ja nicht mehr als eine oder eineinhalb Stunden am Tag, die ich verschenkt habe. Ich hab's gern getan, hab meinen Job eben geliebt. Lieber habe ich eher angefangen, als dass ich Schwierigkeiten bekam, weil nichts fertig war.

Wie sieht es abends mit den Überstunden aus, nach Geschäftsschluss?
Die Vertriebsleitung sagt: Bis um 20 Uhr kriegt ihr bezahlt und wenn ihr länger braucht, ist das euer Pech. Ich weiß das auch von einer Nachbarfiliale. Da ist es gang und gäbe, dass sie noch bis 21.30 Uhr oder 22 Uhr im Laden sind, weil sie alles sauber machen müssen. Und in der Frühschicht geht es da um 6 Uhr los, bezahlt wird aber erst ab 7.30 Uhr. Aber mein Marktleiter und ich waren gut organisiert. Wir waren in unserer Filiale schon ein Superteam, aber dass wir so herzlich und gut miteinander ausgekommen sind, wird nicht gern gesehen. Die wollen ja Krieg unter den Mitarbeitern. Egal, wo ich hingegangen bin, in allen Filialen ist das so. Bei uns war das anders. Die Arbeiten, die man eigentlich nachher macht, haben wir zwischendurch erledigt. So konnten wir spätestens um 20.30 Uhr Feierabend machen.

Wenn Sie bis 20.30 Uhr gearbeitet haben...
... da bekam ich bis 20 Uhr den Spätzuschlag, danach aber habe ich noch eine Stunde hergeschenkt, weil das nicht bezahlt wurde.

Die Ex-Lidl-Beschäftigte *aus Bayern ist kein Einzelfall. Egal, ob in Schleswig-Holstein, Baden-Württemberg oder sonst wo im Discount-Reich des Dieter Schwarz: Es gibt bei solchen gewaltsamen Kündigungen, denen wir nachgegangen sind, auffällige Parallelen. Sehr häufig haben die Betroffenen beim Gehalt die aus Sicht des Arbeitgebers teure Endstufe erreicht. Eine andere Gemeinsamkeit: Viele der Gekündigten sind unbequem geworden, als sie sich für die Bezahlung aller Überstunden, Pausenregelungen oder für andere eigentlich selbstverständliche Dinge einsetzten. Alles »schwarze Schafe«? Niemand behauptet, dass sich alle Beschäftigten bei Lidl stets korrekt verhalten, doch Menschen wie Christine C. werden gerade deshalb »abgeschossen«, weil sie sich in bestimmten Situationen sehr korrekt verhalten.* A. HA.

Haben Sie denn überhaupt jemals Geld für Mehrarbeit bekommen?
Doch, natürlich. Wenn Inventur war bis – sagen wir mal – 24 Uhr, ist das bezahlt worden. Und wenn der Marktleiter krank war, ist es schon vorgekommen, dass ich 12 oder 13 Stunden gearbeitet habe. Das war eher die Ausnahme, ist aber immer bezahlt worden.

Sie haben selbst gekündigt, nachdem Sie stundenlang jede Schuld von sich gewiesen haben und der Arbeitgeber nicht den Hauch eines Beweises vorlegen konnte. Wie ist es dazu gekommen?
Mitte Januar 2004 rief mein Verkaufsleiter an und sagte, ich solle länger dableiben, weil wir noch eine Besprechung hätten. Ich fand das schon komisch. Dann dachte ich aber, sie wollten prüfen, ob ich die Gehaltserhöhung, die ich gerade bekommen hatte, auch verdiene. Sie kamen um 14.30 Uhr zu dritt – der Verkaufsleiter, ein Revisor und eine Rechtsanwältin – und forderten mich auf, ohne meinen Filialleiter in den Aufenthaltsraum zu kommen. Dann fragten sie mich über Kassenabrechnung, Kassenprüfung, Pfand usw. aus. Ich habe es halt nach bestem Wissen und Gewissen beantwortet, aber sie haben dauernd auf mich eingeredet. Nach ungefähr eineinhalb Stunden – ich konnte da eigentlich schon nicht mehr, schließlich hatte ich zuvor schon fast acht Stunden gearbeitet – kamen sie endlich auf den Punkt und warfen mir vor, ich hätte 12,50 Euro Pfandgeld unterschlagen.

DIE HABEN AUCH GEFRAGT, WOHER ICH WUSSTE, DASS EINE VIDEOKAMERA INSTALLIERT IST

Wie haben Sie reagiert?
Ich hab zuerst noch gelacht und dann gesagt: Wie bitte? Warum sollte ich das denn machen, wo ich weiß, dass eine Kamera installiert ist? Ich würde so etwas sowieso nicht tun, wegen 12,50 Euro meinen Job aufs Spiel setzen, auf den ich angewiesen bin.

Woher wussten Sie, dass eine Videokamera installiert ist?
Das haben die auch gefragt. Es war ein dummer Zufall. Eines morgens konnte ich die Eingangstür nicht mehr aufschließen, obwohl ich am Abend zuvor wie immer abgeschlossen hatte. Man muss dazu wissen, dass sich die Tür nur oben zusperren lässt, unten muss man das mit Gewalt machen und weil mir schon mal ein Schlüssel abgebrochen war, haben wir unten nie abgesperrt. Ich kam also nicht mehr rein und habe einen Notdienst gerufen. Drinnen war keine Tür mehr abgeschlossen, alle waren nur zugeschlagen. Da war also eindeutig jemand drin, was ich telefonisch auch der Vertriebsleitung mitgeteilt habe. Die Vertriebsleiterin hat schroff reagiert und mich als dumm hingestellt, woraufhin ich gesagt habe: »Ich lass mir das nicht gefallen.« Wir sind ins Streiten gekommen und sie meinte verärgert, ich solle das endlich auf sich beruhen lassen. Da habe ich gedacht, der Klügere gibt nach, aber hinterher kam eine Schikane nach der anderen.

Konnten Sie sich trotzdem Gewissheit verschaffen, dass die Filiale heimlich überwacht wurde?

Zunächst habe ich mit meinem Marktleiter geredet, weil mich die ganze Sache so gewurmt hat. Er sagte »Ich glaube, die haben eine Kamera installiert«. Später hat das unser Verkaufsleiter bestätigt, nachdem wir ein paar Mal nachgefragt haben. Wir sollten das aber den anderen Mitarbeitern nicht erzählen, was wir auch nicht getan haben.

Und wo war die Kamera?
Wir haben ein kleines Loch in der Decke entdeckt, das vorher nicht da war. Dort war die Kamera installiert. Sobald jemand die Pfandkasse bedient hat, ist sie wohl aktiviert worden. Ich weiß es nicht genau und in dem Gespräch mit den drei Lidl-Beauftragten Mitte Januar haben sie mir weder Auskunft gegeben noch das Band gezeigt, auf dem angeblich zu sehen war, wie ich das Geld in meine Schürzentasche steckte. Auch meinem Anwalt wurde das Band später nicht gezeigt, aber der Verkaufsleiter hat irgendwann später erzählt, dass die Aufnahme überhaupt nichts beweist. Man sieht zwar, dass ich kurz in die Tasche lange, aber ob ich nach einem Taschentuch, meinem Telefon oder sonst was greife, ist nicht zu erkennen. Geschweige denn, dass ich Geld einstecke, was ich ja auch nicht getan habe.

Wie ging das Kündigungsgespräch weiter?
Sie haben kein Argument gelten lassen und haben immer lauter auf mich eingeredet, wobei der Verkaufsleiter, der mich gut kannte und zu meinen Gunsten hätte aussagen können, offenbar Sprechverbot hatte und absolut nichts sagen durfte. Ich habe gesagt »Um Gottes Willen, ich habe nichts getan. Ich habe drei Kinder und bin auf die Arbeit angewiesen, warum sollte ich das wegen 12,50 Euro riskieren?" Ich bin dann rausgerannt und habe den Filialleiter geholt und er sagte, er würde beide Hände für mich ins Feuer legen. Sie haben ihn schnell wieder rausgeschickt und zu mir gesagt, es gäbe nur drei Möglichkeiten. Eine fristlose Kündigung, dann würden sie sofort die Polizei rufen. Zweitens einen Aufhebungsvertrag oder drittens eine Eigenkündigung. Der Revisor hat mir nahe gelegt, selbst zu kündigen, weil das für meine Zukunft besser wäre, falls ich noch mal eine Stelle als Verkäuferin haben wollte.

> **DER REVISOR DIKTIERTE MIR DANN DIE KÜNDIGUNG, WEIL ICH KEINEN KLAREN GEDANKEN MEHR FASSEN KONNTE**

Wie haben Sie sich in dieser Situation gefühlt?
Mir hat alles gerauscht in den Ohren und ich hab gedacht «Oh Gott, mein Haus, meine Kinder. Wenn ich selbst kündige, krieg ich nicht mal Arbeitslosengeld». Ich war so fix und fertig und sie haben mich so eingeschüchtert, dass ich kaum noch wusste, wie ich heiße. Der Revisor diktierte mir dann die Kündigung, weil ich keinen klaren Gedanken mehr fassen konnte. Ich hätte in dieser Situation sogar mein eigenes Todesurteil unterschrieben. Insgesamt habe ich drei Stunden mit denen gesessen und wollte nur noch weg. Ich bin dann irgendwie nach Hause gekommen und daheim

zusammengebrochen. Am nächsten Tag war ich beim Anwalt, weil mein Mann darauf bestand.

Und wie ist die Sache ausgegangen?
In der Güteverhandlung vorm Arbeitsgericht ist überhaupt nichts herausgekommen. Sie haben mir dann eine ordentliche Kündigung vorgeschlagen und eine Abfindung von 1.000 Euro, was ich ausgeschlagen habe. Ich wollte ja zurück zu Lidl, weil ich gern dort gearbeitet habe. Vielleicht wäre es anders gewesen, wenn ich in einer anderen Filiale gearbeitet hätte, aber wir waren eine gute Mannschaft. Sie haben dann telefonisch gedroht, dass sie mich jeden Tag in eine andere Filiale schicken würden, falls meine Klage auf Wiedereinstellung durchkommt. Laut Arbeitsvertrag dürfen sie das sogar. Ich wollte nicht aufgeben, aber schließlich haben sie mir die Zahlung von drei Monatsgehältern und 5.100 Euro Abfindung angeboten. Mein Anwalt hat geraten, das anzunehmen, weil ja nicht klar war, was für ein Richter den Vorsitz in der Hauptverhandlung haben würde. Vielleicht hätte er gesagt, dass ich selbst schuld sei, weil ich die Eigenkündigung unterschrieben habe.

Haben Sie noch Kontakt zu ihren ehemaligen Kolleginnen und Kollegen?
Ja, und ich habe ihnen geraten, zu ver.di zu gehen, damit ihnen so etwas nicht passieren kann. Sie werden seit Januar mit Testkäufen und Kontrollen getriezt, obwohl wir immer eine Superinventur hatten. Ich finde, dass so etwas an die Öffentlichkeit gehört.

»EINE STUNDE FRÜHER KOMMEN IST PFLICHT«

Kein seltener Fall: Ehemännern oder Freunden von Lidl-Kolleginnen platzt irgendwann der Kragen, weil sie ganz nah mitbekommen, unter welchen Bedingungen ihre Frauen bzw. Partnerinnen vor Ort in der Filiale ackern. Zum Beispiel Herr L. aus Halle/Sachsen-Anhalt.

»Meine Frau arbeitet seit fast drei Jahren bei Lidl und ich könnte ein Buch über die teilweise katastrophalen Zustände verfassen«, schrieb er im November 2004 an ver.di. Hier sein Einblick in den Arbeitsalltag, der beim Thema unbezahlte Mehrarbeit in dieser Filiale offenbar besonders krass ist.

»Arbeitszeit: Es wird so gehandhabt, dass es z.B. bei der Frühschicht eine Schicht gibt von 8.00 bis 12.30, was bedeutet, dass man spätestens um 7.00 auf Arbeit sein muss und frühestens um 14.30 die Kasse verlassen darf. Was ich sagen möchte: Eine Stunde früher kommen ist Pflicht. Wer nicht mitmacht, bei dem werden Testwagen gefahren u.s.w. Seit neuestem werden Praktikanten im Schichtplan als volle Arbeitskraft eingerechnet mit 8 Stunden, was wiederum bedeutet, dass festeingestellte Kassiererinnen (trotz Überstunden) nicht auf ihre Stunden kommen. In der Spätschicht gibt es das selbe Spiel: Eine Stunde mindestens früher kommen, bis Ladenschluss wird bezahlt, aber bis 21.00 oder später wird gearbeitet. Samstags sind immer dieselben dran, 3 Samstage hintereinander sind keine Seltenheit.

Arbeitsbedingungen: Den ganzen Tag in der Kasse sitzen, ohne Pause, ist der Alltag bei Lidl. Nebenbei wird verlangt, Paletten abzupacken. Wer es nicht schafft, arbeitet nach (umsonst). Dabei im Kopf immer der Druck: Keine Kassendifferenz, Testwagen, nicht zu wenige Positionen beim Kassieren. Meine Frau hat wegen Testwagen schon eine Abmahnung, wegen Kassendifferenz zwei.

Das Motto ist bei Lidl, wer mit dem Strom mitschwimmt, hat seine Ruhe. Manchmal gibt es von irgendwo her die Anweisung, die Richtlinien im Punkt Arbeitszeit einzuhalten, aber nach 2 Wochen ist meistens wieder alles beim alten, leider.«

Protokoll vom November 2004:

Erlebnisse einer Lidl-Beschäftigten

Einarbeitung: »Bei der Einstellung hieß es, niemand sei hier zum Denken da, sondern nur zum Arbeiten. Nach ein oder zwei Arbeitstagen wurde ich zum Vertriebsleiter ins Büro gerufen; er blieb sitzen, ich stand vor dem Schreibtisch. Dann fragte er mich ab wie eine Schulanfängerin: Er nannte eine Obst- oder Gemüsesorte aus dem Sortiment, und ich musste ihm die korrekte Wiegenummer nennen. Ebenso wurde ich zum Vertriebsleiter gerufen, wenn ein Kassensturz anstand. Bei zu hohem Fehlbetrag gab es dann gleich einen lautstarken Kommentar.«

Beleidigungen und Drohungen: »Der Vertriebsleiter setzt die Verkäufer/innen und Filialverantwortlichen stark unter Druck. Einige Standardsprüche lauten: ‚Sie sind zu blöd zum Bestellen. Sie sollten aufhören zu arbeiten; sie sind zu alt. Sind Sie zu doof, das Brot einzuräumen? Es gibt über vier Millionen Arbeitslose, wollen Sie dazugehören?'«

Neue Aufgaben: »Das gesamte Lidl-Personal wird seit einiger Zeit in Bezug auf Pharmaerzeugnisse geschult – wobei das Unternehmen bis heute nicht zugegeben hat, dass es demnächst solche Produkte verkaufen wird. Mir stellt sich die Frage, woher die Zeit und auch – trotz Schulung – das Wissen kommen soll, um potenzielle Kunden richtig zu beraten. Was soll ich denn antworten, wenn ein älterer Mensch mich nach der Verträglichkeit eines Pharmaproduktes mit seinen sonstigen Arzneien fragt? Wir Lidl-Verkäufer/innen sind doch keine Apotheker oder Ärzte!

> **Woher soll die Zeit kommen, Kunden zu beraten? Und was soll ich zu Arzneien antworten?**

Seit einiger Zeit müssen die Kassierer/innen das Pfandgut entgegennehmen – auf diese Weise wurde eine Stelle gespart. Dafür leidet die Hygiene unter dieser Zusatzarbeit, denn oft enthalten die Flaschen noch Getränkereste, die uns Kassiererinnen an den Händen kleben. Zum Händewaschen zwischendurch ist aber nie Zeit, so dass wir mit verschmutzten Fingern Obst, Gemüse und die übrigen Waren anfassen.«

Sauberkeit & Schwerstarbeit: »Wir haben zwar keine Zeit, unsere Hände zu waschen, aber der Laden muss blitzen. Vor einiger Zeit wurde das Reinigungsrepertoire erweitert: Regalränder werden nun mit Zahnbürste und Schwamm geschrubbt. Handschuhe stellt Lidl weder für Reinigungsarbeiten noch für die Auspackerei. Da wir ständig zwischen Kasse, Auspacken und Putzen wechseln, sehen unsere Hände oft unsauber und meistens auch zerschrammt aus. Denn Auspacken müssen wir unter enormem Zeitdruck, und bei Lidl wird jede Ecke Platz genutzt. Da splittern dann die Fingernägel, Arme und Hände bekommen manchen Kratzer ab, wenn innerhalb von zehn Minuten eine Konservenpalette abgeräumt sein soll. Da bei den Lieferanten in der Mehrzahl Männer arbeiten, sind die Paletten bis zu 1,80 Meter hoch. Kartons wiegen im Einzelfall zwanzig bis dreißig Kilo. Da müssen wir Verkäuferinnen beim Abladen zwangsläufig über uns hinauswachsen. Die Rückenbeschwerden kommen später.«

Arbeitszeiten: »Lidl hat – wie andere Handelsunternehmen – seine Ladenöffnungszeiten ausgedehnt, aber für diese Mehrstunden nicht etwa neues Personal eingestellt. Die zusätzliche Arbeitszeit wurde einfach

auf die vorhandenen Mitarbeiter/innen verteilt. Bezahlt wird immer erst ab morgens 7 Uhr, doch wir fangen um 6 an, um die Arbeit zu schaffen. Genauso ist es am Abend: bis 20 Uhr wird gezahlt, doch oft genug arbeiten wir bis 20.45, ja manchmal sogar bis 21.30 Uhr. Früh- und Spätdienst wechseln ständig ab, und viele von uns bekommen im Lauf der Zeit echte Schlafprobleme. Eine Pause dauert maximal 15 Minuten, aber oft genug fällt sie aus oder wird mehrmals unterbrochen.

Ich selbst habe – wie viele – einen 80-Stunden-Vertrag. Doch tatsächlich komme ich auf mehr als hundert, in manchen Monaten sogar auf 130 Arbeitsstunden. An freien Tagen besteht ständig die Möglichkeit, in die Filiale beordert zu werden, weil die eingeteilten Kolleginnen die Arbeit nicht schaffen können.«

An der Kasse: »Seit kurzem gilt die Anweisung, dass die Kassiererin nach einer Kollegin klingeln soll, sobald sich der oder die dritte Kunde/in an die Kasse anstellt. In der Praxis funktioniert das nicht gut: Angenommen, der dritte Kunde hat bereits seine Waren auf mein Band gelegt, die Kollegin macht die zweite Kasse auf, aber es kommen in nächster Zeit keine weiteren Kunden zum Bezahlen. Dann eilt sie zurück in den Laden, um weiter Ware auszupacken. Kurz darauf klingelt es wieder…

Weiterer Stress entsteht durch die ständigen Tests: Manchmal sind es Mitarbeiter aus Sicherheitsfirmen, manchmal aber auch Lidl-Kollegen oder Freunde von Vertriebsleitern, die uns ‚auf die Probe' stellen. Im Lauf der Zeit lernt man die Tricks: Mitarbeiter von Sicherheitsfirmen etwa legen oftmals vier Artikel aufs Band, drei weitere sind im Wagen versteckt. Etwa im ‚toten Winkel', den wir Kassiererinnen schwer einsehen können oder unter einem Prospekt, einem Karton oder, oder. Manche Testkäufer bringen aber auch Kinder mit, die dann ein Produkt in der Hand halten. Waren werden in Milchkartons versteckt oder hinter Getränkeflaschen. Für uns bedeutet das, dass wir uns vom Kassenraum aus vorbeugen und schwere Kartons hochheben müssen. Das geht ziemlich schnell auf den Rücken.

Wer allerdings zweimal bei Testkäufen etwas übersieht, bekommt eine Abmahnung.«

In Angst vor Dieben: »Lidl hat ständig Angst, dass die Verkäufer/innen klauen. Einmal wöchentlich soll der Filialleiter deshalb einige Spinde des Personals untersuchen. Wir nutzen inzwischen für unsere persönlichen Sachen offene Körbe, da kann jederzeit jeder reinschauen.

Dann gibt es auch noch die Spätkontrollen: Das Personal verlässt die Filiale, woraufhin Kontrolleure vorfahren, die in alle Taschen und Körbe der Beschäftigten gucken. Schlecht für die, die ausgerechnet an solchen Tagen in der Filiale eingekauft haben; da wird dann jeder Artikel mit dem Kassenbon verglichen. Liegen bei einer Verkäuferin mal Lidl-Artikel ein paar Tage lang im Wagen, und sie hat im Fall der Kontrolle nicht den unterschriebenen Kassenzettel dabei, dann wird von einem Diebstahl ausgegangen.«

Die Kunden: »Die Vorgesetzten legen großen Wert darauf, dass wir höflich ‚Auf Wiedersehen' und ‚Schönes Wochenende' sagen. Und es gilt das Prinzip, dass der Kunde immer Recht hat. Beschwert sich einmal jemand, muss der Angestellte mit dem Vertriebsleiter den Kunden aufsuchen, sich entschuldigen und ihm ein kleines Präsent überreichen. Ob sich möglicherweise der Kunde falsch verhalten hat oder ausfallend geworden ist, interessiert niemanden.«

»ICH KÜNDIGE NICHT, WEIL MEIN MANN ARBEITSLOS IST«

Vor zehn Jahren fing Sabine Schröder (Name geändert) in einer norddeutschen Filiale von Lidl als stellvertretende Marktleiterin an. Zuerst sei alles o.K. gewesen, einschließlich der Bezahlung und des Betriebsklimas. Das änderte sich vor einigen Monaten schlagartig.

»Nach dem Erziehungsurlaub steckte man mich in eine andere Filiale, da mein Platz anderweitig besetzt war. Dort fingen die ja inzwischen schon bekannten Methoden an, um ›teure‹ Arbeitnehmerinnen klein zu kriegen«, berichtet sie. »Mit der Begründung, kurzfristig vorübergehend in einer anderen Filiale auszuhelfen, wurde ich umgesetzt. Dort bin ich nun fest. Durch Krankheit arbeitsunfähig, musste ich mir den Besuch des Verkaufsleiters bei mir zu Hause gefallen lassen – selbstverständlich unangemeldet und überraschend.« Auf ihre persönlichen Belange werde selbstverständlich keine Rücksicht genommen. »Ein Samstag, für den ich vier Wochen vorher frei eingetragen hatte, war plötzlich Arbeitstag und ich musste in die Filiale kommen.« Wie sieht sie ihre berufliche Zukunft?
»Eine Kündigung von meiner Seite ist nicht möglich, da mein Mann seit über einem Jahr arbeitslos ist. Er ist der Meinung, ich solle jeden Vorfall aufschreiben, irgendwann kündigen und dann eine Klage vor dem Arbeitsgericht wegen Mobbing einreichen. Aber ich denke, das wird schwierig.« A. HA.

Als Branchenfremde bei Lidl

Ein schneller Sprung ins kalte Wasser

Irgendwo in der Bundesrepublik: Eine junge Frau, nennen wir sie Katrin D., hat nach Hochschulstudium und Ausbildung keine passende Beschäftigung gefunden und sucht einen Job. Sie bewirbt sich auf eine Teilzeitstelle bei Lidl – und wird umgehend eingestellt. Trotz der Ankündigung, branchenfremden Verkaufsneulingen Fachkenntnisse zu vermitteln, gibt es nicht einmal eine Einarbeitungszeit für Katrin D.

»Ohne dass sich auch nur jemand in der Filiale vorgestellt oder nach meinem Namen gefragt hätte, hieß es, ich solle Waren umwälzen«, erinnert sich die 27-Jährige an ihren ersten Arbeitsmorgen. Waren umwälzen – das bedeutet, ältere Produkte mit kürzerer Haltbarkeitsfrist im Regal nach vorne zu räumen und die frischen nach hinten. Kurz darauf saß Katrin D. bereits an der Kasse und musste sich quasi selbst beibringen, wie die Waren korrekt über den Scanner gezogen werden.

> **ICH HABE IN FILIALEN GEARBEITET, DA GAB ES AN MANCHEN TAGEN ÜBERHAUPT KEINE PAUSE**

Auch ein Namensschild und einen Spind erhielt die junge Frau erst nach Wochen. Immerhin wurde sie nach drei Wochen »learning by doing« theoretisch in ihre Aufgaben eingewiesen. Bei dieser Gelegenheit bekam sie zu hören, dass sie schneller beim Kassieren werden müsse; nach drei Wochen Tätigkeit bei Lidl schaffte Katrin D. »erst« 34 statt der vorgegebenen 40 Scan-Vorgänge pro Minute.

Das Gros der Einweisung bestand in der Vermittlung der spezifischen Lidl-Vorschriften: Die Kassiererin müsse in den Einkaufswagen eines jeden Kunden sehen; angesichts der Vielzahl von Testkäufen praktizierten die Verkäuferinnen, wie Katrin D. betont, diese Regel allein schon aus Selbstschutzgründen. Alle Lidl-Verkäuferinnen hätten ständig auf ihre Cash-Box zu achten, in die alle größeren Geldscheine kommen. »In der Praxis bedeutet das, die Box sogar mit auf die Toilette zu nehmen, denn ich kann sie ja nicht einfach im Pausenraum stehen lassen.« Außerdem wurde der Neuverkäuferin schnell klar, dass Lidl-Jobs zu einem guten Teil aus Putzarbeiten bestehen, denn – so hieß es bei der Einweisung – die Verkäuferinnen hätten neben dem Laden, dem Kassenbereich und dem Lager regelmäßig auch den Pausenraum, das Büro und die Toiletten zu reinigen.

Katrin D. schloss einen zunächst auf drei Monate befristeten Vertrag über 80 Stunden monatlich ab. Trotz der Befristung wurde darin handschriftlich ausdrücklich eine dreimonatige Probezeit vermerkt. Der Verkaufsleiter hatte bei der Einstellung erklärt, dass der Vertrag nach Ablauf der Probezeit automatisch verlängert werde und dass Katrin D. in Anbetracht ihrer Qualifikation ohnehin Chancen auf eine Karriere bei Lidl haben könnte – wenn sie denn entsprechende Führungsqualitäten zeige. Bisher ist das alles jedoch nicht spruchreif; die junge Frau ist noch nicht sehr lange in ihrem Tätigkeitsfeld und sammelt neue, erstaunliche Erfahrungen.

Nach ihrer ersten Arbeitswoche wurde sie bereits regelmäßig als Springerin in wechselnden Lidl-Filialen eingesetzt. Für Katrin D. war das doppelt schwer: Zum einen musste sie sich als branchenfremde Anfängerin in jeder Filiale neu orientieren, denn auch in den standardisierten Läden unterscheiden sich Warensortiment und Kassensysteme durchaus voneinander. Zum anderen verfügt sie über kein Auto und ist so auf öffentliche Verkehrsmittel oder das Fahrrad angewiesen, um zu den verschiedenen Filialen zu kommen. »Außerdem gibt es überall unterschiedliche Pausenregeln«, sagt Katrin D. »Ich war schon in Filialen, da hat man mich von 8 bis 12.30 Uhr an der Kasse sitzen lassen, bis ich endlich in die Pause gehen konnte. Einige Tage gab es, an denen habe ich gar keine Pause bekommen.«

Auch die vertraglich vereinbarten achtzig Monatsstunden erwiesen sich schnell als reine Theorie: Bereits in der zweiten Arbeitswoche fielen für Katrin D. die ersten Überstunden an. Schnell war ihr klar, dass sie auf diese Weise gut und gerne bei 130 monatlichen Arbeitsstunden landen wird. »Bezahlt werden die Überstunden; allerdings ist es schwierig, die Mehrstunden eingetragen zu bekommen, wenn ich einmalig als Springerin in einer anderen Filiale arbeite.« Besonders belastend ist aus ihrer Sicht die extrem kurzfristige Einsatzplanung. »Erst am Samstag erfahre ich die Einteilung für die Folgewoche, und oft weiß ich selbst zu diesem Zeitpunkt nicht, wohin ich geschickt werde.« Außerdem ändert sich die Planung ständig. Überstundenbedarf taucht regelmäßig ganz kurzfristig auf. Ebenso werden freie Tage urplötzlich verschoben. »Ein normales Privatleben lässt sich mit diesen unkalkulierbaren Arbeitszeiten und Einsatzorten kaum führen.«

Katrin D.'s »Stammfiliale« zählt zu den so genannten Kopffilialen. Hier findet sich das – für Lidl-Verhältnisse – meiste Personal, nämlich bis zu 17 Kräfte. Hier wird durchschnittlich bis 21 Uhr gearbeitet, mittwochs und samstags oft sogar bis kurz vor 22 Uhr, weil dann bereits die Non-Food-Artikel ausgepackt und eingeräumt werden, die donnerstags bzw. montags neu in den Verkauf kommen. 17 Beschäftigte – das hört sich üppig an, ist es aber nicht, wenn berücksichtigt wird, dass dazu der Filialleiter zählen und zwei Trainees, die sich auf leitende Aufgaben bei Lidl vorbereiten, sowie mindestens vier Aushilfen auf 400-Euro-Basis, die nur stundenweise da sind. Die übrigen, überwiegend auf Teilzeitbasis arbeitenden Beschäftigten, sind nie alle gleichzeitig anwesend, so dass sich die Personalstärke auch in den Kopffilialen auf das unbedingt Nötige minimiert.

KUNDENFREUNDLICHKEIT UND DER STÄNDIGE ZEITDRUCK BEIM SCANNEN – DAS PASST DOCH IRGENDWIE NICHT

Dennoch gebe es, so Katrin D., neue Anweisungen zur Erhöhung der Kundenfreundlichkeit: »Wenn drei KundInnen an einer Kasse stehen und ein/e weitere/r dazukommt, muss eine neue Kasse aufgemacht werden. Das ist natürlich völlig utopisch, da es viel zu wenig Personal für die ganze Arbeit gibt.« Alle, die mit EC-Karte bezahlen, sollen künftig mit Namen verabschiedet werden, die Kassiererinnen werden zudem dazu angehalten, stets nett und freundlich Kunden-Fragen zu beantworten. »Gleichzeitig bekommen wir ständig Druck, weil wir zu langsam beim Scannen der Waren sind. Dann müssen wir uns auch noch andauernd auf Testkäufe einstellen.«

Bei einer »Teambesprechung« wurde den Verkäufer/innen in Katrin D.'s Bezirk mitgeteilt, dass allesamt in einer ersten Testkauf-Reihe durchgefallen seien, in der Folgerunde sollen es immer noch achtzig Prozent gewesen sein. Immerhin wurden den Beschäftigten verschiedene Testkauf-Variationen demonstriert. »Bisher scheint bei mir alles glatt gegangen zu sein. Angeblich gibt es eine Abmahnung, wenn man bei einem Testkauf durchfällt.«

Doch Merkwürdigkeiten sind auch Katrin D. in der kurzen Zeit ihrer Zugehörigkeit zur Lidl-Welt schon begegnet. Etwa die Sache mit ihrem Spind: Wochen hatte sie auf die Zuteilung eines schmalen Schränkchens plus Vorhängeschloss zum Verstauen ihrer Sachen gewartet. Kaum ausgehändigt, passte eines Morgens ihr Schlüssel nicht mehr zum Schloss. »Am Tag davor hatte ich es ganz normal verschlossen, jetzt ging nichts mehr.« Ihre Erklärung: In ihrer Abwesenheit wurde der Schrank kontrolliert, anschließend ein falsches Schloss eingehängt.

Einige Zeit später fehlten angeblich 50 Euro in Katrin D.'s Kasse. »Das war in einer für mich fremden Filiale, und ich war ziemlich verängstigt, zumal ich keine Erklärung für dieses Manko hatte.« Doch diesen Betrag aus eigener Tasche zu ersetzen, blieb Katrin D. erspart, denn ein paar Tage später waren die 50 Euro wieder da – woher, warum, das konnte oder wollte ihr niemand beantworten.

Wie es für die junge Frau bei Lidl weitergehen wird, ahnt sie im Moment nicht. Die Möglichkeit des Aufstieges innerhalb des Betriebes könnte sicher reizvoll sein. Andererseits erkennt Katrin D. überdeutlich die ausbeuterischen Elemente des Systems Lidl. Vermutlich wäre ihr am allermeisten gedient, wenn sie eine Beschäftigung in ihrem erlernten Beruf fände.   GG

MIT 40 GRAD FIEBER AN DER KASSE

Karin Petzold *(Name geändert) aus Bremen hat nicht sehr lange bei Lidl gearbeitet, doch die Zeit war mehr als ausreichend, um am eigenen Leib zu erfahren, welch brutaler Druck auf Filial-Mitarbeiter/innen ausgeübt wird. »In den fünf Monaten, die ich bei Lidl in Bremen beschäftigt war, ist mir bewusst geworden, auf was ich mich da eingelassen hatte. Zunächst war ich froh, eine Arbeit zu haben, aber was da abgeht, ist tatsächlich menschenunwürdig. Es zählt dort nur die Ware und der Kunde, die Kassiererin oder Angestellte ist nur das Arbeitstier. Drohungen sind an der Tagesordnung.*

Krank darf man nicht sein, ich selbst habe mit fast 40 Grad Fieber an der Kasse gearbeitet, man drohte mir, wehe, ich bringe einen Krankenschein. Ein Zusammenbruch folgte, dann doch meine Krankschreibung, vielleicht war das der Grund meiner Kündigung. Ständiges Beobachten hinter irgendwelchen Ecken seitens des Bezirksleiters machten das Arbeiten schwierig, wie ein Verbrecher wurde man dort behandelt. Taschenkontrollen, die lasst man sich ja noch gefallen, aber auch die eigenen PKWs wurden kontrolliert: Kofferraum, unter den Sitzen und so weiter. Es war einfach deprimierend.

Keiner traut sich, dort mal den Mund aufzumachen, alle haben Angst. Sicherlich, es gibt ein so genanntes Sorgentelefon. Ruft man dort aber an, erfährt es sofort der Bezirksleiter. Der Name desjenigen, der angerufen hat, wird bekannt gegeben und der Bezirksleiter macht ein großes Theater daraus und droht immer wieder mit Kündigungen...«

Plötzlich saß ver.di unsichtbar am Tisch

Verkaufsleiter Matthias N. geriet in den Verdacht, »Anwalt der Filialen zu sein«

Bei den Verkaufsleitersitzungen in seiner Lidl-Region saß die Gewerkschaft eines Tages unsichtbar mit am Tisch, erzählt Matthias Nehm (Name geändert) aus Nordrhein-Westfalen. »Im Frühjahr hieß es plötzlich, wir sollten darauf achten, dass alle Stunden erfasst werden, um ver.di bloß keine Angriffsfläche mehr zu bieten.«

Der 25-jährige Nachwuchskader von der Ruhr nahm die Vorgabe vielleicht doch zu wörtlich und geriet in den Verdacht, »Anwalt der Filialen« zu sein. Nach dem Urlaub, der erste in vier Jahren, kassierte er im September die Rote Karte: Kündigung zum Ende 2004. Die Begründung sei eigentlich läppisch gewesen, meint Nehm. »Während meines Urlaubs sollen zwei Filialen zu dreckig gewesen sein und noch ein paar Kleinigkeiten«. Jetzt ist er weg, mit einer guten Abfindung. »Eine Wiedereinstellung hätte nichts gebracht, ich wäre gnadenlos ausgebootet worden.«

Das Karussell bei den Verkaufsleitern dreht sich ständig, die Fluktuation ist hoch. Matthias Nehm hatte nach 3-jähriger Lidl-Ausbildung an einer Berufsakademie (»Immer im Wechsel drei Monate Theorie, drei Monate Praxis in der Firma«) den Abschluss als Diplom-Betriebswirt. Das war die Chance für eine höhere Karriere. Kurz darauf löste er einen älteren Verkaufsleiter ab, der vor seinem Rauswurf 12 Jahre für den Discounter im Einsatz gewesen war. Ein Urgestein, denn so lange überleben die wenigsten.

Für Nehm war dieses Kapitel bei Lidl schon nach zwölf Monaten zu Ende. »Sie stehen immer mit einem Bein über dem Abgrund«, beschreibt er die Situation. Und Beispiele finden sich schnell. »Da kam der Geschäftsführer der Niederlassung, der ja eigentlich die Nr. 1 ist, und sagte: Setzen Sie Personal ein, Hauptsache der Kunde hat ein gutes Bild von unseren Filialen und es ist sauber.« Schnell habe sich jedoch heraus gestellt, dass die Mitarbeiter in derselben Zeit nur noch mehr leisten sollten. »Als ich dann mehr Leute einsetzte, erteilte mir mein direkter Chef von der Vertriebsgesellschaft eine riesige Abfuhr.«

Die formale Anweisung, alle Stunden zu erfassen und zu bezahlen, stößt offensichtlich auf klare Grenzen im System Lidl. »Ich habe mich darum bemüht, die Sache ehrlich zu handhaben und war strikt darauf aus, dass alles bezahlt wird. Dazu habe ich auch nie etwas Negatives von meinen Vorgesetzten gehört, aber wegen der Kostensituation habe ich mir dann regelmäßig einen Rüffel abgeholt.«

Um eine gute oder schlechte Nettoleistung pro Filiale und im Bezirk dreht sich fast alles bei Lidl. Die fast magische Zahl ergibt sich aus dem monatlichen Umsatz, geteilt durch die verbrauchten Mitarbeiterstunden. »Sie haben letztes Jahr 370 gebracht, dann kommen Sie dieses Jahr doch locker auf 410«, formulierte Nehms Vertriebschef die Zielvorgabe. »Als ich mich dagegen gewehrt habe, hieß es nur: Ja, sind Sie denn der Anwalt der Filialen?«

Das Dilemma ist enorm. Nehm beschreibt es so: »Wenn man Stunden unter den Tisch fallen lässt und es fällt nicht auf, ist es super. Wenn es doch auffällt, dann ist man selbst schuld, die oben aber nicht. Der Schwarze Peter wird einfach weiter gesteckt; aber wehe, man erreicht seine Zahlen nicht.« Immer wieder habe er sich gewundert, dass er mit »seiner« Nettoleistung im unteren Drittel lag, während andere erheblich bessere Zahlen vorweisen konnten.

Wenn man die Stunden unter den Tisch fallen lässt und es fällt nicht auf, ist es super ...

»Man ist ja ziemlich abgeschottet, kriegt nicht soviel mit von den anderen, aber mit Sicherheit gibt es Kollegen, die dafür sorgen, dass abends nicht länger als bis 20.30 Uhr oder 20.15 Uhr bezahlt wird.«

Dennoch habe die Kritik von ver.di an Lidl und der öffentliche Druck schon zu Veränderungen in den Filialen geführt, weiß er aus seiner Region. Nehm nennt das Stichwort »Pausenklau«. Das gebe es noch immer, sei aber weniger brutal als vorher. Seine Erklärung: Beschäftigte, die früher an drei Tagen voll von 8.30 Uhr bis 20 Uhr arbeiteten, würden jetzt meistens an fünf Tagen zu halben Schichten eingeteilt. »Dadurch fällt die zweistündige Pausenzeit der Ganztagsschichten weg. Wegen des Arbeitsdrucks konnte man oft sowieso nur 30 Minuten machen.«

Gut zu wissen: ver.di sitzt unsichtbar mit am Tisch. Um so lächerlicher und entlarvender fallen die Reaktionen der Lidl-Entscheider aus: »Einsammeln und vernichten«, lautet die Order, wenn Informationsmaterial der Gewerkschaft in die Filialen gelangt, berichtet Nehm. Noch genau erinnert er sich auch an den »Fall Unna«. Zunächst dort und dann bundesweit wurden die Filialen in Nacht- und Nebel-Aktionen in eigene Vertriebsgesellschaften ausgegliedert, um gemeinsame Betriebsratswahlen in den Lidl-Niederlassungen zu unterlaufen. »Wo kommen wir hin, wenn die sich in den Filialen einmischen und womöglich bei jeder Kündigung mitsprechen«, zitiert er seine Vorgesetzten. Tatsächlich: Dann wäre einiges anders.

Matthias Nehm weiß, wie man unbequemes Personal los wird. Aber wer ist unbequem? »Das sind Leute, deren Arbeitsleistung unbefriedigend ist oder die unter Diebstahlsverdacht stehen. Andere sind Quertreiber, die Stimmung machen und sich über die Arbeitsbedingungen bei Lidl aufregen. Es gibt Mitarbeiterinnen, die kurzfristig von 12 Uhr bis 16 Uhr eingeplant werden und sich beschweren, weil sie schon jeweils eine Stunde brauchen, um zur Arbeit und wieder nach Hause zu kommen. Denn eines muss man wissen: Bei Lidl wird Flexibilität bis zum Letzten gefordert. Es ist auch vorgekommen, dass mir gesagt wurde: »Die Personalkosten in der Filiale sind zu hoch. Tun Sie ein paar teure Leute raus und ein paar billige rein.«

Ganz so schnell und einfach wie früher ist das nicht mehr zu machen. Die »Maßnahmen« reichen von Versetzung in ziemlich weit entfernte Filialen bis hin zur Schichteinteilung, die unmöglich wahrzunehmen ist. Auch der geballte Einsatz von Testwagen gehört noch immer zum Arsenal. Früher habe es unter Verkaufsleitern einen Wettbewerb gegeben, wer die meisten Aufhebungsverträge vorweisen konnte, um der Firma unnötige Kosten zu ersparen. »Seit ver.di öffentlich gemacht hat, dass viele Beschäftigte von zwei oder drei Vorgesetzten zur Unterschrift gedrängt worden sind, ist das eigentlich untersagt worden«, berichtet Nehm für seinen bisherigen Verkaufsbereich. »Jedenfalls bei uns.« A.HA.

PERSÖNLICHE BEKANNTSCHAFTEN UNERWÜNSCHT

Erika D. (Name geändert) freute sich, als sie im Sommer 2003 auf ihre Bewerbung um eine Teilzeitstelle bei Lidl zum Vorstellungsgespräch eingeladen wurde. Für sie als Alleinerziehende wäre der Job in der Filiale ihres bayerischen Heimatortes ideal gewesen. Doch der Verkaufsleiter, mit dem sie das Gespräch führte, wollte genau das nicht: die junge Frau an ihrem Heimatort einsetzen. Sie würde dann womöglich Kunden persönlich kennen – das aber sei bei Lidl nicht erwünscht.

Erika D. hätte eine Stelle in der Filiale eines anderen Ortes bekommen können, doch wegen fehlender Fahrgelegenheiten und wegen ihres Kindes konnte sie darauf nicht eingehen. Insgesamt fünfmal bewarb sie sich um die Stelle, zweimal führte sie ein Bewerbungsgespräch mit gleichem Ausgang. Die Teilzeitstelle in der Filiale ihres Heimatortes war auch noch Monate später zu vergeben.

Die Arbeit bei Lidl geht auf die »Knochen«

Pausenlos im Einsatz

Nicht immer ist es der Arbeitgeber Lidl, der seine Verkäufer/innen nach längerer oder kürzerer Betriebszugehörigkeit per Auflösungsvertrag in die Wüste schickt. Es gibt auch Mitarbeiter/innen, die schnell merken, dass sie die miserablen Lidl-Arbeitsbedingungen nicht ertragen wollen. So war es bei Susanne P. (Name geändert), die nach dreimonatiger Schufterei in einer Lidl-Filiale nahe der niederländischen Grenze ihre Kündigung abgab.

»Ich habe von Anfang an mindestens neun Stunden gearbeitet – grundsätzlich ohne Pause«, erinnert sich die 37-Jährige. Dabei hatte sie einen Vertrag über monatlich achtzig Stunden unterschrieben und sollte angeblich nur während der Urlaubszeit anderer Kolleg/innen länger arbeiten. Tatsächlich war niemand der neunköpfigen Stammbelegschaft in ihrer Filiale im Urlaub. Abgesehen vom Filialleiter und seinen Vertreter/innen leisteten alle Kolleg/innen Überstunden in großer Zahl.

In ihrem Filialgebäude aus der Lidl-Anfangszeit gab es weder einen Aufenthaltsraum noch Toiletten; beides war in einem Nebengebäude untergebracht. »Wenn ich den ganzen Tag kassieren musste, bin ich nur im Notfall zur Toilette gegangen. Denn eine der beiden anderen anwesenden Kolleg/innen musste dann einspringen und dafür die eigene Arbeit stehen und liegen lassen.« War Susanne P. selbst mit Auspacken beschäftigt, konnte sie zwar leichter einen kurzen Gang zur Toilette einplanen. Dafür ging diese Arbeit buchstäblich auf ihre Knochen. Susanne P. bekam Rückenprobleme und sollte auf Anraten ihres Arztes wenigstens einige Tage lang körperlich leichtere Arbeiten ausführen. »Auf meine Frage beim Filialverantwortlichen erhielt ich nur ein müdes Lächeln und einen unfreundlichen Kommentar. Dann wies er mich an, die nächste Palette mit schweren Konserven abzuräumen.«

Der Leiter ihrer Filiale begriff seinen Job ohnedies vor allem als Aufseherjob über die schwer schuftenden Mitarbeiter/innen. Sobald Susanne P. die Frage eines Kunden nach einem Produkt aus Sicht des Vorgesetzten zu ausführlich beantwortete, wurde sie von ihm oder seiner Vertretung gerügt. Derselbe Vorgesetzte wollte zudem seinen Verkäufer/innen für nicht mehr verkaufsfähiges Obst – im konkreten Fall handelte es sich um angegammelte Bananen – den regulären Preis abnehmen. »Wir hatten gefragt, ob wir die haben könnten. Die Alternative lautete Wegwerfen, und in unserer Filiale wurde viel weggeworfen«, sagt Susanne P.

Testkäufe waren in ihrer Filiale – wie überall in der Lidl-Welt – an der Tagesordnung. »Aber wir haben wohl immer alle in den Einkaufswagen versteckten Waren gefunden.« Wie bei vielen anderen Verkäuferinnen fehlte auch in Susanne P.'s Kasse eines Tages ein größerer Geldbetrag, der sich genauso überraschend kurz darauf wieder fand. »Ich bin oft mit Bauchschmerzen zur Arbeit gegangen«, sagt sie.

Trotz des Dauerstresses schaffte die Frau es, sich in ihrer knappen Freizeit einen neuen Job zu suchen. Sie arbeitet jetzt in der Verwaltung eines Call-Centers. Ihre Rückenprobleme klingen allmählich ab; in ihrem neuen beruflichen Umfeld fühlt sie sich gut aufgehoben. Mit einigem zeitlichen Abstand stellt Susanne P. für sich klipp und klar fest: »Nie wieder Lidl!«... GG

MIT ALLER MACHT: STUNDENKÜRZUNG

»In der Lidl-Filiale, in der eine Bekannte von mir arbeitet, werden die Mitarbeiter aufs Äußerste terrorisiert«, beginnt die E-Mail einer Kollegin aus Niedersachsen, die unmittelbar nach einer kritischen Fernsehsendung zu den Praktiken der Discounter bei ver.di eingegangen ist. Dann wird es konkret.

»Die Filiale hat neu aufgemacht und es wurden zu viele Mitarbeiter eingestellt. Meine Bekannte ist schon mehrere Jahre bei Lidl und hat sich in die Filiale versetzen lassen, da sie es dann nicht mehr so weit zur Arbeit hat. Jetzt will der Verkaufsleiter mit aller Macht erreichen, dass die Angestellten mit ihren Stundenverträgen heruntergehen auf 60 Stunden im Monat.

Dabei wird ungeheuer Druck ausgeübt. Es wird mit Kündigung gedroht und mit Testkäufen. Ihr wurde z. B. gesagt: »Wenn Sie nicht mit Ihren Stunden runtergehen, bekommen Sie mal ruckzuck drei Abmahnungen und schon sind wir Sie los!« Es werden aber wirklich alle unter Druck gesetzt.

Pausen kann man bei Lidl sowieso nicht machen, würden Sie die machen, würden Sie abends noch 'ne unbezahlte Stunde hinten dran hängen müssen. Manchmal werden die Angestellten auch für 2,5 Stunden am Tag eingeteilt, davon werden noch 30 Minuten Pause abgezogen, die nicht gemacht werden können.«

Lidl-Vorgesetzte setzten langjährige
Mitarbeiterin unter Druck

Vorspiegelung falscher Tatsachen

Der 22. Oktober 2003 begann für die 45-jährige Verkäuferin Christa B. völlig normal. Es war ihr erster Arbeitstag nach dem Urlaub in der Lidl-Filiale im baden-württembergischen Schriesheim – und sollte auch ihr letzter sein, aber das konnte Christa B. am Morgen dieses Tages noch nicht ahnen.

»Alle waren freundlich zu mir, und ich begann ganz normal mit meiner Arbeit«, erinnert sich die Frau. Als sie am Nachmittag zu Geschäftsführer und Vertriebsleiter in den Aufenthaltsraum gerufen wurde, ahnte sie nicht, worüber die beiden Herren mit ihr reden wollten. Doch Christa B. blieb nicht lange im Ungewissen. »Die haben mir auf den Kopf zu gesagt, dass ich in die Pfandkasse gegriffen hätte. Ich sollte nur alles zugeben, schließlich gäbe es Zeugen.« Die völlig perplexe Verkäuferin kam überhaupt nicht zu Wort. Als sie wissen wollte, wer ihren vermeintlichen Diebstahl belegen könne, schnitt ihr einer der Vorgesetzten barsch das Wort ab.

»Nachdem die beiden einige Zeit auf mich eingeredet und mich fortgesetzt beschuldigt hatten, legten sie mir ein vorbereitetes Papier zur Unterschrift vor, womit ich der sofortigen Aufhebung meines Arbeitsvertrages zustimmen sollte«, berichtet Christa B. Für den Fall ihrer Weigerung, den Aufhebungsvertrag zu unterschreiben, drohten ihr die Vorgesetzten mit Strafanzeige wegen Diebstahls und einem entsprechenden Vermerk im Arbeitszeugnis.

Die Frau, die zu diesem Zeitpunkt acht Jahre am Stück und zuvor bereits anderthalb Jahre bei Lidl gearbeitet hatte, gab schließlich dem Druck nach – und unterschrieb.

»Ich hatte regelrecht Angst, zumal die beiden sagten, sie würden mich nicht aus dem Raum lassen, bevor ich unterschrieben hätte.« Christa B. unterschrieb, doch selbstverständlich widerrief sie die erzwungene Unterzeichnung des Aufhebungsvertrages und schaltete kurz darauf ver.di und eine Anwaltskanzlei ein.

Christa B. hatte niemals Geld aus der Pfandkasse genommen, und erwartungsgemäß blieb Lidl in der folgenden rechtlichen Auseinandersetzung jeden Beweis für den erhobenen Diebstahlsvorwurf schuldig. Dafür stellte die Verkäuferin bald fest, dass sie nicht die einzige war, die im selben Zeitraum aus demselben Grund zur Unterzeichnung eines Aufhebungsvertrages gezwungen worden war. »Ich habe gehört, dass allein in Süddeutschland in dieser Zeit um die sechzig Mitarbeiter/innen des Diebstahls bezichtigt und rausgeschmissen worden sind.«

Tatsächlich dürften andere Gründe die Lidl-Oberen zu dieser Aktion bewogen haben. So lief beispielsweise die Filiale im Schriesheimer Gewerbegebiet nicht mehr besonders, nachdem dort ein konkurrierender Discounter eröffnet hatte. Oder Christa B. und einige ihrer langjährigen Kolleginnen waren den Lidl-Vorgesetzten möglicherweise zu alt und zu teuer. Immerhin erhielten sie einen Stundenlohn zwischen 12 und 13 Euro brutto – dem Höchstsatz für Lidl-Verkäufer/innen.

»Jüngere, Ungelernte und Kräfte aus Osteuropa sind billiger zu haben«, weiß Christa B. Und wirklich – nach dem Rausschmiss von ihr und drei weiteren Kolleginnen wurden in der Schriesheimer Filiale zwei Frauen eingestellt, die aus osteuropäischen Ländern stammen.

Für die langjährige Lidl-Verkäuferin zeigte sich recht schnell, dass sie auch vor dem Arbeitsgericht nicht ihre Wiedereinstellung und auch keine Entschuldigung der Vorgesetzten für deren erpresserisches Verhalten erwirken würde. Also drehte sich schließlich alles um eine Abfindungszahlung. Am Ende erhielt Christa B. eine »ordentliche« Kündigung per 31. Januar 2004 und eine Abfindung in Höhe von einem Brutto-Monatsgehalt pro Jahr ihrer Betriebszugehörigkeit.

Das ist kein Happy end: Christa B. braucht dringend eine Vollzeitstelle, da sie die Ernährerin der Familie ist. Doch mit 45 Jahren habe sie, so sagt sie selbst aus bitterer Erfahrung, »das kritische Alter erreicht«. Ihre letzte Hoffnung ist eine Umschulung. GG

Als Chef zu nett oder wegen Krankheit zu teuer?

Unbefristet war klar, aber nach Arbeitsunfall gefeuert

Markus Jacobi (33) spricht schnell und er arbeitet offenbar noch schneller als er spricht. Doch seit Anfang Oktober 2004 ist er arbeitslos. Zum Verhängnis wurde ihm die Arbeitshetze, seine Ehrlichkeit und die Gestaltung des Arbeitsvertrages mit der Lidl-Vertriebsgesellschaft Kirchheim (Baden-Württemberg). »Mir wurde immer wieder gesagt, dass ich als Filialleiter übernommen werde. Die waren sehr zufrieden und lobten mich bis zuletzt in den höchsten Tönen«.

Um so verärgerter ist Jacobi, dass ihm sein ehemaliger Arbeitgeber kürzlich vor Gericht mangelnde Qualifizierung, Probleme bei der Frischekontrolle und unsauberes Arbeiten vorgeworfen hat. »Das ist erstunken und erlogen«. Er ist ehrlich empört und zitiert rasch aus den exzellenten Arbeitszeugnissen, die er nach insgesamt 14-jähriger Tätigkeit für die ehemalige Kaufhof-Tochter Kaufhalle und für ein Feinkostunternehmen erhalten hat: »Große Sorgfalt und Fleiß, stets vorbildlicher Umgang mit Kundschaft und Kollegen...« Auch die Arbeitsrichterin sei beeindruckt gewesen, habe aber wegen des Probearbeitsvertrages nicht für ihn entschieden. »Ich bin davon ausgegangen, dass das Arbeitsverhältnis nach Ablauf der Probezeit automatisch unbefristet wird. Aber so stand das nicht im Vertrag und das habe ich schlicht übersehen.«

> BEI SOLCHEN VEREINEN WIE LIDL, ALDI UND SCHLECKER BIST DU NUR GUT ANGESEHEN, WENN DU JEDE WOCHE ZWEI LEUTE IN DIE PFANNE HAUST

Der Mann ist kaum zu stoppen. Das sei auch bei der Arbeit so gewesen, erzählt er. Bis zu diesem vertrackten Tag im September, als er unter großem Zeitdruck eine schwere Kisten voller Melonen hob und plötzlich starke Rückenbeschwerden hatte.

Bis dahin hatte alles gut ausgesehen. Auch dass sein Antrag auf Urlaub über das Ende der Probezeit hinaus genehmigt worden war, machte Markus Jacobi sehr sicher. Danach sollte er eine Stuttgarter Filiale übernehmen. Doch mit dem Arbeitsunfall sank sein Marktwert rapide, obwohl er seine

Gesundheit so richtig aufs Spiel setzte, um ihn zu erhalten: Nur eine Woche krank geschrieben, dann war Jacobi wieder im Einsatz. Ohne die vielen Schmerzspritzen wäre das nicht gegangen. »Aber plötzlich konnte ich nicht mehr aufstehen«, sagt er. »Es wurde festgestellt, dass die Bandscheibe verschoben ist und die Nerven für das linke Bein abklemmt. Ich habe das meinem unmittelbaren Vorgesetzten offen und ehrlich mitgeteilt und zwei Tage später hatte ich das Schreiben in der Hand, dass der Arbeitsvertrag nicht verlängert wird. Da fehlten nur noch zwei Wochen bis zum Ende der Probezeit...«

Seither hatte Jacobi viel Zeit zum Nachdenken und die Decke fällt ihm manchmal auf den Kopf. »Ich bin flexibel, fleißig und packe zu«, überlegt er laut. »In den Filialen, wo ich gearbeitet habe, gab es nie Klagen. Ich kann Lehrlinge ausbilden und Menschen führen«. Früher oder später wäre er wohl auch ohne Krankheit am System Lidl gescheitert: »Die Frauen werden schon arg unter Druck gesetzt. Manchmal sitzen die sechs Stunden an der Kasse und können nicht zur Toilette gehen. Ich finde das unmenschlich und wenn ich in der Filiale war, gab es so etwas auch nicht. Aber bei solchen Vereinen wie Lidl, Aldi und Schlecker bist du nur gut angesehen, wenn du jede Woche zwei Leute in die Pfanne haust«.

Vielleicht hatte ja die ältere Kollegin recht, die ihm einmal sagte: »Herr Jacobi, Sie sind wirklich ein netter Chef, aber so werden Sie nicht lange in der Firma überleben. Sie sind zu freundlich.« Zum Thema soziale Kompetenz als Vorgesetzter bei Lidl fällt ihm spontan noch etwas ein: »Wir hatten einen sehr netten Verkaufsleiter, der darauf achtete, dass wir alle Überstunden bezahlt bekommen haben. Allerdings ist der, soweit ich weiß, jetzt auch nicht mehr im Unternehmen.« A.HA.

Fleiß und Motivation schützen nicht vor dem Rausschmiss

»Wir waren nur für die Firma Lidl da«

Bei Lidl gehört sehr wenig dazu, von heute auf morgen den Job zu verlieren. Und immer wieder entsteht der Eindruck, dass es völlig langt, eine gute Position, ein ordentliches Gehaltsniveau oder eine längere Betriebszugehörigkeit erreicht zu haben. Bei Elke P. aus Dresden kam das alles zusammen: Stellvertretende Marktleiterin war sie, arbeitete seit neun Jahren in einer Lidl-Filiale und verdiente – inklusive bezahlter Überstunden – verhältnismäßig gut.

Doch aus heiterem Himmel wurde sie aus der Arbeit herausgeholt, vom Verkaufsleiter beschuldigt, in die Pfandkasse gegriffen zu haben und zur Unterzeichnung eines Aufhebungsvertrages genötigt. »Ich habe mich unter enormen Druck gesetzt gefühlt«, erinnert sich Elke P. Sie unterschrieb, weil sie keine andere Möglichkeit sah, aus dem Raum herauszukommen, in dem der Verkaufsleiter und die Marktleiterin sie mit unbewiesenen Vorwürfen traktierten.

Anschließend legte Elke P. Rechtsmittel gegen die erzwungene Aufhebung ihres Arbeitsvertrages ein; das Verfahren vor dem Arbeitsgericht war Mitte November 2004 noch nicht abgeschlossen.

Nach neun Jahren Betriebszugehörigkeit verlor Elke P. ihren Job

Wie in vielen anderen Fällen ging es auch hier vermutlich gar nicht darum, einen – vermeintlichen – Griff in irgendeine Kasse nachzuweisen. Bei Lidl haben diese Vorwürfe offensichtlich System. Immer wieder trifft es langjährige, verhältnismäßig gut bezahlte Verkäuferinnen oder Verkäufer, die Vollzeitstellen haben. Da oftmals anschließend lediglich Teilzeit- oder 400-Euro-Kräfte eingestellt werden, liegt der Verdacht nicht fern, dass Lidl sich peu à peu von seiner »Stammbelegschaft« trennt.

Elke P. war mit großem Optimismus und viel Freude in ihre Tätigkeit bei Lidl gestartet. Ende 1994 hatte sich die gelernte Verkäuferin nach einer Babypause erfolgreich um eine Stelle beworben. »Ich hätte vorher nie gedacht, dass es bei Lidl so schlimm ist«, stellt sie im Nachhinein fest.

Abgesehen von der Bezahlung stimmte so gut wie nichts an diesem Arbeitsverhältnis. Die Dienstpläne wurden zwar in der Regel eine Woche im Voraus bekannt gemacht, konnten jedoch jederzeit vom Verkaufsleiter geändert werden. »Ich bin oft angerufen worden, ob ich eine Stunde früher kommen könnte«, erinnert sich Elke P. Selbstverständlich machte sie das – ebenso verzichtete sie auf freie Tage, die manchmal kurzfristig gestrichen wurden. »Eigentlich haben ich und meine Kolleginnen immer nur für Lidl gelebt.«

Die Arbeitsbedingungen waren hart, verschlimmerten sich im Lauf der Jahre aber immer noch weiter. »Wir waren oft nur zu dritt in einer Schicht. Wenn zwei wegen des Andrangs in die Kassen mussten, blieb die dritte allein mit der gesamten Arbeit des Auspackens und Einräumens.« Elke P. hat sich in den neun Jahren durch das ständige Heben schwerer Kartons den Rücken kaputt gemacht.

Kein Kunde käme auf die Idee der Testkäufer, einen 5-Euro-Schein unter einen Eierkarton zu mogeln

Schlimmer wurden im Lauf der Zeit vor allem auch die Tricks der Testkäufer: Da wurden Waren in mitgebrachten Taschen deponiert oder an unmöglichen Stellen in Einkaufswagen und Kartons versteckt. »Kein Kunde käme auf solche Ideen«, ist sich Elke P. sicher. Ihr wurde eines Tages ein 5-Euro-Schein unter einen Eierkarton gemogelt. Da sie umgehend mit dem Geldschein zum Filialleiter ging, hatte sie den Test bestanden.

Trotz alledem war sie eine motivierte Mitarbeiterin und arbeitete sich zur stellvertretenden Marktleiterin hoch. In ihrer Dresdener Filiale gab es keine Gewerkschaftsmitglieder und an eine Betriebsratsgründung dachte ebenfalls niemand. Für die Lidl-Oberen eigentlich »paradiesische« Zustände. Doch die Lidl-Welt ist anscheinend nur perfekt, wenn ein ständiges Klima der Angst in den Filialen herrscht und regelmäßig langjährige, fleißige Mitarbeiter/innen mittels vorgeschobener Anschuldigungen an die Luft gesetzt werden.

Elke P. ist entschlossen, zu ihrem Recht zu kommen. »Im Moment habe ich ein großes Problem, neue Arbeit zu finden. Jeder Chef kann anhand meiner Unterlagen erkennen, dass ich mitten in einem Monat die Lidl-Stelle verlassen habe und schließt daraus auf eine Unregelmäßigkeit.« Nur eine reguläre Kündigung zu einem Monatsletzten könnte ihr im Nachhinein aus diesem Dilemma heraushelfen.

GG

Diebstahlsvorwurf ohne jeden Nachweis

Drei Stunden Verhör und Schuh-Kontrolle

Sehr kreativ sind Lidl-Verkaufsleiter nicht gerade, wenn es darum geht, Personal schnell und ohne Aufwand los zu werden: Vor allem den Griff in die Ladenkasse unterstellen die Vorgesetzten ihren in Ungnade gefallenen Verkäufer/innen sehr gerne.

So erging es auch Siliz A. aus der Gegend von Bamberg. Ohne erkennbaren Anlass warf der zuständige Verkaufsleiter ihr eines Tages im Juni 2003 vor, zwanzig Euro gestohlen zu haben. Die damals 33-Jährige wies die Anschuldigung zurück und konnte auch leicht nachweisen, dass sie keine entsprechende Geldsumme mit sich führte. Sie hatte an jenem Tag ihr Portemonnaie zu Hause vergessen. Da ihr eine Kollegin einige Tage zuvor geliehene 15 Euro zurückzahlte und Frau A. für 13,50 Euro zum Feierabend in der Filiale einkaufte, hatte sie exakt 1,50 Euro in der Handtasche.

> **ICH WAR NERVLICH SEHR ANGESPANNT, NACHDEM MAN MICH VÖLLIG GRUNDLOS SO HEFTIG BESCHULDIGT HATTE**

Genau dieses Geld, den Lidl-Kassenbon und die dazugehörenden Einkäufe fand der Verkaufsleiter, als er das Auto, die Tasche, den Arbeitskittel, den Spind und schließlich – auf Frau A.'s Angebot hin – sogar die Schuhe der Verkäuferin kontrollierte.

Der Verkaufsleiter blieb bei seinen durch nichts bewiesenen Anschuldigungen und holte schließlich eine weitere Vorgesetzte, um mit ihr gemeinsam die Unterzeichnung eines vorbereiteten Aufhebungsvertrages zu erzwingen. Drei Stunden lang wurde Frau A. »verhört«, beschuldigt und angeschrien. Die Verkäuferin weigerte sich jedoch standhaft, die Auflösung ihres Arbeitsverhältnisses zu unterschreiben. Immer wieder verlangte sie, ihren Mann anrufen zu können oder die Polizei. »Die Vorgesetzten brachten auch nicht den Zeugen, der angeblich den Diebstahl beobachtet hatte«, sagt Frau A. Schließlich wurde sie aus dem Laden geworfen. Nachdem Lidl ihr zwei Tage später die fristlose Kündigung zugestellt hatte, nahm sie sich einen Anwalt. »In seinem Beisein hat der Verkaufsleiter in einem Gespräch sogar sein Verhalten zugegeben und mir angeboten, wieder bei Lidl zu arbeiten. Doch das hätte ich nicht mehr geschafft. Ich war nervlich sehr angespannt, nachdem man mich völlig grundlos so heftig beschuldigt hatte.«

Frau A. möchte nach diesen Ereignissen vor allem erreichen, dass die fristlose in eine reguläre Kündigung umgewandelt wird. Und sie klagt auf Abfindung und Schmerzensgeld. Das Verfahren zieht sich zwar etwas in die Länge, aber am Ende ist Frau A. erfolgreich und erzielt mit ihrem Anwalt einen Vergleich: Die Kündigung wird nachträglich zu einer fristgerechten, und die Ex-Lidl-Verkäuferin erhält eine Abfindung.

Doch ihre psychische Stabilität kann ihr auch das Gericht nicht wiedergeben. Noch mehr als ein Jahr nach dem Vorfall in der Lidl-Filiale leidet Frau A. unter Schlafstörungen und nimmt regelmäßig Tabletten. »Ich bin noch nie in meinem Leben auf die Idee gekommen, etwas zu klauen. Die damaligen Anschuldigungen haben mich sehr getroffen«. Auch beruflich hat die Frau seit dem Ende ihrer Lidl-Tätigkeit noch nicht richtig Tritt fassen können. Bisher arbeitet sie über eine Leiharbeitsfirma bei unterschiedlichen Arbeitgebern. Die Familie ist auf ihr Einkommen angewiesen, da drei Kinder versorgt und eine Eigentumswohnung abgezahlt werden müssen.   GG

Vergesslichkeit schwer bestraft

Fristlos raus wegen vergessener 2,29 Euro

Es war stressig an diesem Samstag im Oktober 2004. Die 30-jährige Sandra T. (Name geändert) aus einer sächsischen Lidl-Filiale nahm sich einen Salami-Snack zum Preis von 2,29 Euro aus dem Regal, den sie irgendwann essen wollte, wenn sie Zeit für eine kleine Verschnaufpause haben würde. Doch sie kam gar nicht zum Essen, und am Abend nach vielen anstrengenden Arbeitsstunden dachte sie auch nicht ans Bezahlen.

Als sie aus ihrem kurz danach angetretenen Urlaub zurückkehrte, lag die fristlose Kündigung bereits vor. »Ich war zwölf Jahre bei Lidl und habe im Großen und Ganzen gerne dort gearbeitet«, sagt die Frau. Doch eine solche Reaktion auf ihre Vergesslichkeit hätte sie nicht für möglich gehalten. »Eine Ermahnung und die Nachforderung des Betrages wären wohl normal gewesen.«

Allerdings hatte sich das Arbeitsklima in »ihrer« Filiale ohnehin seit einiger Zeit verändert: »Es wurde als Vergehen angesehen, wenn jemand irgendetwas nicht gleich weggeräumt hat.« Außerdem gab es eine veränderte Einstellungspraxis auch in dieser Niederlassung. Neu beschäftigt wurden nur noch Teilzeitkräfte und Aushilfen auf 400-Euro-Basis.

Sandra T. legte umgehend nach ihrer fristlosen Entlassung Kündigungsschutzklage beim zuständigen Arbeitsgericht ein. Sie möchte zwar nicht mehr zurück zu ihrem langjährigen Arbeitgeber Lidl, aber die fristlose soll in eine reguläre Kündigung umgewandelt sowie eine Abfindung gezahlt werden. Ihre Chancen stehen nach Einschätzung des zuständigen ver.di-Sekretärs recht gut.

Schlecht stand es dagegen noch im November um Sandra T.'s Chancen auf dem Arbeitsmarkt: »Auch vier Wochen nach der Kündigung hatte mir Lidl immer noch keine Unterlagen geschickt. Ich kann mich im Moment überhaupt nicht bewerben«, sagt sie. Zwischenzeitlich musste die 30-Jährige Sozialhilfe beantragen.   GG

GESTEIGERTES RISIKO

Als gelernte Einzelhandelskauffrau im 5. Tätigkeitsjahr bei Lidl beschäftigt zu sein, das bringt augenscheinlich große Risiken mit sich. »Ich habe mal zu einer Freundin gesagt, dass ich nie einen solchen Vertrag unterschreiben würde«, erzählt die Kielerin Marianne Pfaff (Name geändert). Doch dann wurde sie doch Opfer einer gerade bei Lidl und anderen Discountern bevorzugten Methode: Mehrere Vorgesetzte zitierten die Einzelhandelskauffrau plötzlich allein zum Gespräch und knallten ihr unbewiesene Vorwürfe vor. Angeblich hätte ein Testkäufer von außen beobachtet, dass sie Pfandgelder nicht richtig abgerechnet hätte. »Ich saß mit völlig ruhigem Gewissen da, aber sie drohten und zwangen mich so in die Ecke, dass ich einfach nicht mehr konnte. Da habe ich den Aufhebungsvertrag unterschrieben«.

Ihre Erklärung für das Vorgehen der Lidl-Chefs kommt wie aus der Pistole geschossen: »Wenn sie eine gelernte Kraft durch eine ungelernte ersetzen können, wird das kostengünstiger.« Nicht nur wegen ihres Schockerlebnisses rät Marianne Pfaff jedem ab, sich bei Lidl zu bewerben: »Man hat Zeitvorgaben für die Warenverräumung, die sind wegen der Personalknappheit nie zu schaffen. Du musst unter riesigem Zeitdruck eine Knochenarbeit leisten, die sich Außenstehende nur schwer vorstellen können. Und dazu dann noch nach Feierabend sauber machen, den ganzen Laden fegen, die Kassen reinigen, Zigaretten wegpacken und so. Das wurde nicht extra bezahlt. Viele Neue denken, dass die Überstunden automatisch bezahlt werden. Aber das passiert nur, wenn man ständig nachhakt.«   *A.HA.*

Bei Kündigungsgründen sind Lidl und Kaufland nicht zimperlich

Rausschmiss um jeden Preis

Ina B. (Name geändert) setzt ein etwas unbeholfenes Lächeln auf, wenn das Gespräch auf ihre ehemaligen Arbeitgeber Kaufland und Lidl – die beide zum Imperium von Lidl-Gründer Dieter Schwarz gehören – kommt. Erst flog sie aus einer Kaufland-Filiale, nach etwas über einem Jahr auch bei Lidl.

Hatte Ina B. schlecht gearbeitet, war sie unfreundlich im Umgang mit den Kunden? Keine Spur. In der Berliner Kaufland-Filiale, in der sie arbeitete, warf ihr die Chefin zu häufige Fehlbeträge in der Kasse vor. »Komisch nur, dass in meiner Kasse auch regelmäßig ein Minus registriert wurde, wenn ich gar nicht gearbeitet hatte«, sagt die ungelernte Verkäuferin mit ironischem Unterton.

Da der Betriebsrat in dieser Niederlassung jedoch der Kündigung zustimmte, musste sich Ina B. einen neuen Job suchen, den sie kurz darauf in einer Berliner Lidl-Filiale fand.

Doch schon bald stellte sie fest, dass sich ihre Arbeitssituation keine Spur verbessert hatte. »Ich habe in Teilzeit gearbeitet und teilweise auf Abruf, das heißt, ich wurde telefonisch angefordert, wenn die Filiale zusätzlichen Bedarf hatte. Doch als ich einmal selbst telefonisch nachfragte, sagte man mir, ich hätte um 7 Uhr persönlich im Laden erscheinen müssen, um zu erfahren, ob ich an dem Tag gebraucht würde.«

Ina B. schafft nicht immer die geforderten vierzig Scannvorgänge pro

Minute, wenn sie an der Kasse sitzt. Und das kommt bei Lidl-Filial- und Bezirksleitern nicht so gut an. Plötzlich fehlen auch hier wieder Beträge aus ihrer Kasse. »Immer glatte Beträge«, betont Ina B. und das ein- bis zweimal in der Woche. Sie ist sich keiner Schuld bewusst. »Die Filialleiter können jederzeit an die Kassenboxen heran, und wenn eine Verkäuferin auf der Abschussliste steht, dann wird eben auch ihre Kasse manipuliert.«

Und warum wollte Lidl Ina B. unbedingt loswerden? »Sicher war ich denen zu langsam. Und da ich nach einem halben Jahr einen unbefristeten Vertrag und eine Gehaltserhöhung bekommen hatte, war ich ihnen gleichzeitig zu teuer und nicht ohne weiteres zu kündigen.«

Deshalb mussten Fakten geschaffen werden; Ina B. sollte offenbar beweisicher Fehlverhalten nachgewiesen werden, um ihr fristlos kündigen zu können.

Der Trick: Eines Tages standen zwei Menschen sehr gehetzt an Ina B.s Kasse. Sie müssten unbedingt den Bus bekommen, der tatsächlich in dem Moment an der Haltestelle vor der Filiale vorfuhr. Und deshalb warfen die Kunden den passenden Geldbetrag für ihre gekauften Produkte schnell in die Geldschale, ohne das Einbongen abzuwarten. Es waren Testkäufer, wie die junge Frau bald erfahren sollte.

Bei Lidl spekuliert man in solchen Fällen scheinbar darauf, dass die Kassiererinnen sich das ohne Beleg erhaltene Geld schnell in die eigene Kitteltasche stecken. Doch tatsächlich bongte Ina B. ordnungsgemäß den erhaltenen Betrag ein; nur nicht sofort nach dem Verschwinden der beiden Testkäufer, sondern ein Weilchen später, als an ihrer Kasse kurze Zeit kein Betrieb war.

Am Ende des Tages stimmt zwar die Kasse, aber nicht mehr Ina B.s Verständnis von richtig und falsch, denn ihr wurde fristlos gekündigt. Als »Beweis« für ihren angeblichen Griff in die Kasse hielt ihr Vorgesetzter ihr die Journalrolle vor, auf der alle eingebongten Kaufsummen des Tages registriert werden. »Doch der nachträglich eingegebene Betrag aus dem Testkauf fehlte auf der Rolle, der war erkennbar herausgeschnitten worden.«

Ina B. protestierte zwar, war aber nun auch diesen Job los. Einzige Genugtuung für sie: Das Arbeitsgericht, vor dem sie gegen die fristlose Kündigung klagte, erkannte die manipulierte Journalrolle nicht als Beweismittel an. Ina B. erhielt so zumindest den ihr zustehenden Restlohn bis zum Ablauf einer ordentlichen Kündigungsfrist ausgezahlt. Doch

ICH HABE IN TEILZEIT GEARBEITET UND TEILWEISE AUF ABRUF, DAS HEISST, ICH WURDE TELEFONISCH ANGEFORDERT

sie ist davon überzeugt, dass sie inzwischen bei Kaufland und Lidl auf einer »Schwarzen Liste« steht. »Ich habe schon von ehemaligen Kolleginnen gehört, dass sie nach ihrer Kündigung keine Chance mehr hatten, an anderer Stelle bei Lidl oder Kaufland Arbeit zu bekommen.«

Ina B. arbeitet heute in einem Supermarkt eines großen Einzelhandelskonzerns und ist – trotz schlechterer Bezahlung – vollauf zufrieden mit ihrem Job. GG

BESCHÄFTIGTE ZUR KASSE GEBETEN

Die Beschäftigten bei Lidl, auch viele Filialleitungen, stehen oft unter einem enormen Druck. Dies wird in einem Arbeitsprotokoll des ver.di-Fachbereichs Handel im Saarland bestätigt: Es wird großer Zeitdruck ausgeübt hinsichtlich der Regalbestückung, Überprüfung der Haltbarkeitsdaten etc. Hinzu kommt die dünne Personaldecke. Oft müssen die Kolleginnen Ware nachfüllen, werden aber immer wieder unterbrochen und müssen kassieren oder die Pfandrücknahme gewährleisten. Pro Palette je Artikel gibt es vorgegebene Zeitraster für die Verräumung, die aber quasi nie eingehalten werden können.

Insgesamt wirken viele Kolleginnen sehr ängstlich und signalisieren natürlich, dass sie eigentlich keine Zeit haben. Sie sind freundlich, möchten aber nicht dabei gesehen werden, dass sie sich mit jemanden von der Gewerkschaft unterhalten. In einer Filiale raunzte mich ein stellvertretender Filialleiter an, »ich wünsche nicht, dass sie solche Sachen verteilen«, und stand kurz davor, mich rauszuwerfen. Ich habe ihn darauf verwiesen, dass ich das Recht habe, Informationsmaterial zu verteilen.

Bei den bisherigen Treffen mit Lidl-Beschäftigten außerhalb der Arbeitszeit wurden folgende Punkte genannt:
- *Manko-Beträge müssen zum Teil privat ausgeglichen werden.*
- *Gespräche mit Verkaufsleitern werden ohne genaue inhaltliche Angaben angeordnet.*
- *Überwachung in den einzelnen Filialen: Teilweise gibt es Kameras. Es wurden schon Babyphones gefunden, die im Aufenthaltsraum oder in der Nähe des Telefons standen. Vor der Filiale stand dann ein Auto. Verkaufsleiter?*
- *Häufig werden keine Pausen gemacht. Laut Vertriebsleitung soll aber jede Stunde im Markt bezahlt werden. Einige Filialleiter reichen die tatsächlichen Stunden ein, diese werden dann auch vergütet. Grundsätzlich wird die Bewilligung bzw. Stundenzuteilung umsatzabhängig von der Vertriebsleitung gesteuert.*
- *Für Filialleitung sind 240 Arbeitsstunden »normal«, obwohl im Vertrag 189 Stunden stehen. Es gibt Filialleiter/innen, die sich bei der Planung als in Urlaub befindlich aufschreiben, tatsächlich aber 12 Stunden am Tag arbeiten.*
- *Bei der Spätkontrolle wird die komplette Filiale überprüft; Tresor, Sauberkeit, Leistungsübersicht plus Taschenkontrolle.«*

Eigentlich fing bei Ralf Schmidt alles an wie im Bilderbuch

Verkaufsleiter im »Söldner-Test«

Eigentlich fing alles an wie im Bilderbuch: Das versprochene Einstiegsgehalt von 48.000 Euro im Jahr und der Firmen-Pkw zur freien privaten Nutzung schalteten jeden möglichen Zweifel aus. Bei einem Kongress von Hochschulabsolventen in Köln ließ sich Ralf Schmidt (Name geändert) von Lidl als Verkaufsleiter anwerben. Die Aussichten waren rosig, doch das Märchen endete nach drei Monaten in einem Alptraum.

Was bei anderen Discountern Bezirksleiter oder Bereichsleiter Filialorganisation heißt, nennt sich bei Lidl Verkaufsleiter. Sie sind zuständig für bis zu zehn Filialen einer Region und haben dafür zu sorgen, dass die Zahlen stimmen. Sie kontrollieren Kassen und vor allem Menschen. »Machen Sie den Verkäuferinnen klar, dass Sie der Boss sind und Sie sie jederzeit rausschmeißen können«, bekam Ralf Schmidt schon in der Einarbeitungszeit mit auf den Weg. »Einer Kassiererin, die zu dieser Zeit persönliche Probleme hatte, sollte ich gleich sagen, dass sie bei ihrer momentanen Arbeitsgeschwindigkeit – vielleicht so schnell wie bei Spar – bald fliegt.«

Schon damals ahnte er die Endlichkeit seiner Lidl-Karriere, denn schnell sprach sich herum, dass das Unternehmen ständig weit mehr Verkaufsleiter einstellte als wirklich benötigt wurden. »Die Einarbeitungszeit wird als eine Art Filter gesehen, damit am Ende nur die bleiben, die wirklich Lidl-konform denken. Das sind dann Zinnsoldaten oder besser Söldner, die alles ausführen, was die Zentrale vorgibt. Wer als Verkaufsleiter zuviel Moral und Anstand gegenüber den Mitarbeitern erkennen lässt, ist nicht lange dabei«, so die Erfahrung von Ralf Schmidt. Bei den Verkaufsleitersitzungen fiel der niedrige Altersdurchschnitt von knapp über 30 auf. »Aber nicht alle starren ja nur auf das Geld und deshalb sind viele nach kurzer Zeit wieder weg.«

Seinen Härtetest bestand der Wirtschaftsingenieur nicht. Er wollte es irgendwann auch nicht mehr und ist heute nach über zwei Jahren noch immer froh darüber. »Als leitender Angestellter hatte ich einen Vertrag mit einer wöchentlichen Arbeitszeit nach Bedarf«, schildert er die Ausgangssituation. »In der ersten Woche arbeitete ich 75 Stunden und das steigerte sich von Woche zu Woche, bis ich auf 92 Stunden kam. Einige Verkaufsleiter erzählten mir, dass sie auch Sonntags arbeiten würden.«

Im Einsatz, der oft von 5.30 Uhr bis 22 Uhr dauerte, wurde Schmidt zeitweise von einem erfahrenen Verkaufsleiter begleitet. Und der vermittelte gleich die höhere Sichtweise, dass alle Lidl-Beschäftigten als potenzielle Diebe anzusehen seien. »Dass man soweit gehen muss, außer den Kitteln auch die Schließfächer und die Privatwagen der Mitarbeiter regelmäßig zu kontrollieren, das fand ich überhaupt nicht toll. Eine Anweisung per Rundschreiben habe ich zwar nicht gesehen, aber der andere Verkaufsleiter hat deutlich gemacht, dass das überall so gehandhabt wird.«

Gleich zu Anfang hiess es: Ich sollte klar machen, dass ich der Boss bin und sie jederzeit rausschmeissen kann

Zur üblichen Vorgehensweise bei den Personalkontrollen gehörte es, dass der Verkaufsleiter fragte, ob er auch im Pkw nachschauen könne. Kein Muss also, sondern Freiwilligkeit? »Die Mitarbeiter wissen meistens, dass er kein Recht dazu hat. Aber sie wissen eben auch, dass sie ganz schlechte Karten bei Lidl haben, wenn sie Nein sagen. Dann wird auf jede Kleinigkeit geachtet – zum Beispiel, ob an der Getränkeflasche der Verkäuferin auch tatsächlich der Kassenbon mit der Personalnummer festgeklebt ist – und es hagelt Abmahnungen.« So sei es auch zu erklären, dass meist nur neue Mitarbeiter danach fragten, ob die Vor- und Nacharbeit bezahlt würde.

»Es hing sehr stark vom Filialleiter und von dem Druck ab, den der Verkaufsleiter ausübte, ob und in welchem Maße Überstunden bezahlt wurden. So wurde in einer Filiale bis 20.15 Uhr bezahlt, in anderen nur die Arbeit während der Öffnungszeit. Tatsächlich waren die Frauen aber bis mindestens 20.45 Uhr mit Reinigungs- und Aufräumarbeiten beschäftigt.«

Nach Stationen als normaler Verkäufer wurde Schmidt während der Einarbeitung auch als Markleiter eingesetzt. Seither weiß er, dass gelobt wird, wer als Filial- oder Verkaufsleiter einen möglichst geringen Verbrauch an Mitarbeiterstunden vorweisen kann. Entscheidende Kennziffer sei der Umsatz pro Mitarbeiterstunde. »Als ich vertretungsweise eine Filiale übernahm, sagte mir der eigentliche Filialleiter: »Machen Sie mir den Laden nicht kaputt, hier wird bis 20 Uhr aufgeschrieben.« Das war natürlich ein besonders krasser Fall, aber die kompletten Überstunden werden fast nie ausgeglichen.« Dass sich dies inzwischen geändert haben könnte, hält er für sehr unwahrscheinlich. »So fair ist Lidl nicht.«

Der zeitliche Mega-Stress, ein gegen Null tendierendes Privatleben und die wenig anspruchsvolle Kontrolltätigkeit, die einen Großteil der täglichen Arbeitsdauer ausmachte, gaben den Ausschlag: Ralf Schmidt bekam massive Gleichgewichtsstörungen und ging zum Arzt. Die Kündigung kam umgehend. Wie erwartet.

»Die Atmosphäre von Angst und Druck, die bei Lidl erzeugt wird, ist beklemmend«, erinnert er sich. Dass dies auch mit dem betriebsratslosen Zustand zu tun hat, ist dem ehemaligen Verkaufsleiter bewusst. Schon bei der Einstellung war die Botschaft, Interessenvertretungen der Mitarbeiter seien unerwünscht, unverkennbar. »Man hat mir mitgeteilt, dass ich bei der Lidl Vertriebs-GmbH beschäftigt werde und dass das etwas ganz Neues wäre. Mit dem glorreichen Trick, die Filialen aus der regionalen Gesellschaft auszugliedern, hat Lidl auch bei uns Betriebsratswahlen unterlaufen.«

A.HA.

EISKALTES KLIMA

»Bei Lidl herrscht ein eiskaltes, brutales Klima ohne ein einziges freundliches Wort«, das ist die Erfahrung von Michael M., der als 30-Stunden-Kraft in einem Markt im Raum Landshut (Bayern) gearbeitet hat.

»Auf fragende Kunden oder ältere Leute kann keine Rücksicht genommen werden und das geforderte Arbeitstempo ist unmenschlich. Ich wurde ohne Einarbeitung sofort an die Kasse gesetzt, die kontrolliert, wie schnell man arbeitet. Wenn du nicht mindestens 40 Artikel pro Minute kassierst, wirst du bald zur Standpauke ins Büro gerufen. Passiert das öfter, bist du ganz schnell draußen. Hälst du das Tempo an der Kasse aber ein, können sie dich mit einem Testkauf jederzeit leicht reinlegen, denn du kannst unmöglich alles richtig kontrollieren. Bei der Warenauffüllung genauso: Wenn man für einen Artikel zu lange braucht, ist das fast schon ein Verbrechen.

Die Firma Kaufland hat zwar einen besseren Ruf, aber ich habe auch dort schlechte Erfahrungen gemacht. Meine Anstellung war befristet und die haben sie dreimal verlängert, um mich als Springer in unterschiedliche Filialen in Südost-Bayern zu schicken. Als sie dann merkten, dass dadurch praktisch ein reguläres Arbeitsverhältnis zustande gekommen war, haben sie sofort Druck gemacht. Ich wurde bedroht und sollte einen Auflösungsvertrag unterschreiben, was ich aber nicht tat. Daraufhin weigerten sie sich, zugesagte Fahrtkosten von knapp 1000 Euro zu zahlen. Ich musste erst mit einer Klage drohen, um dann doch an mein Geld zu kommen.«

Gute Leistungen schützen nicht vor Abmahnungen

Belegschaft einer Filiale reagiert mit Betriebsratswahl auf Dauermobbing

Bei oberflächlicher Betrachtung ergibt sich der Eindruck, dass Lidl im Umgang mit seinem Personal eine klare Strategie verfolgt: Möglichst wenig Beschäftigte sollen bei verhältnismäßig geringer Bezahlung, ohne Pausen und mit vielen Überstunden eine optimale Leistung bringen. Um das zu erreichen böte es sich an, Leistung zu loben und schlechte Umsätze zu tadeln. Doch so logisch-rational geht es bei Lidl oftmals nicht zu.

Eine Lidl-Filiale irgendwo im südlichen Teil der Republik. Der Filialleiter arbeitet hier seit etwa zwei Jahren und hat in der Zeit seiner Tätigkeit – gemeinsam mit seinem Team, wie er betont – das erwirtschaftete Ergebnis der Filiale kontinuierlich verbessert; Umsatz und Kundenfrequenz nahmen obendrein um acht Prozent zu.

Die Probleme für die Belegschaft dieser Filiale begannen mit der Zuordnung eines neuen Verkaufsleiters im Oktober 2003. »Vom ersten Tag an hat der gegen mich gearbeitet, obwohl ich zu Beginn seiner Tätigkeit nicht einmal im Dienst, sondern im Urlaub war«, sagt der Filialleiter Hannes B. (Name geändert). Sauberkeit und Ordnung in der Filiale bemängelt der Verkaufsleiter regelmäßig, obwohl er genau weiß, dass die eingesetzten Verkäufer/innen ständig auf Trab sind und an erster Stelle natürlich kassieren, auspacken und Pfandbehältnisse zurücknehmen müssen. Der Verkaufsleiter sucht die Filiale häufig auf, macht sich Notizen, stänkert, sorgt dafür, dass eine Kameraüberwachung installiert wird, die auch der Personalkontrolle dient.

»Es geht gar nicht um tatsächliche Mängel«, meint Hannes B. »Zwischen diesem Verkaufsleiter und mir hat es von Anfang an auf der persönlichen Ebene nicht funktioniert.« Schließlich operiert der Verkaufsleiter mit einem im Lidl-Imperium verbreiteten Mittel: Er versucht, »Stunden zu sparen«, das heißt, die gerade ausreichende Belegschaft soll auf dem Papier weniger arbeiten. Allerdings will kein/e Mitarbeiter/in Arbeitsstunden und damit Einkommen verringern. Hannes B.: »Daraufhin begann die Phase gehäufter Testkäufe und Abmahnungen.« Allein er erhielt innerhalb von drei Wochen zwei Abmahnungen.

In dieser Situation machten der Filialleiter und seine Kolleg/innen etwas, das bei Lidl noch nicht sehr häufig passiert ist: Sie gründeten einen Betriebsrat. Die Geschäftsleitung nahm die Neuerung zur Kenntnis und finanzierte sogar – wie vorgeschrieben – das notwendige Arbeitsmaterial für den neuen Betriebsratsvorsitzenden. Der neugewählte Betriebsrat konnte gleich eine Reihe wichtiger Verbesserungen in der Filiale erreichen. Am Verhalten des Verkaufsleiters habe sich allerdings, so B., nichts geändert.

Für das tyrannische und rational kaum nachvollziehbare Verhalten seines Vorgesetzten hat der Filialleiter eine plausible Erklärung: »Lidl setzt in diesen Positionen mittlerweile fast nur noch Berufsanfänger ein, die direkt von der Uni kommen und keine praktische Erfahrung mit den Abläufen im Einzelhandel haben.«

Früher rekrutierte Lidl seine Verkaufsleiter, die für vier bis sechs Filialen zuständig sind, aus den Reihen der eigenen Filialleiter. Zu jener Zeit habe es, so B., auch noch weniger Reibereien gegeben. Mit der neuen Stellenpolitik in der unteren Leitungsebene hat Lidl auf jeden Fall einen erheblichen Störfaktor eingebaut. Hannes B.: »Oft verlangen diese jungen Verkaufsleiter aus schierer Unkenntnis völlig Unmögliches von den Filialleitern«. Lediglich rund vier Wochen würden die Vorgesetzten am Anfang ihrer Lidl-Karriere in einer Filiale eingearbeitet.

OFT VERLANGEN DIESE JUNGEN VERKAUFSLEITER AUS SCHIERER UNKENNTNIS VÖLLIG UNMÖGLICHES VON DEN FILIALLEITERN

Mit dieser »praktischen Erfahrung«, guter Bezahlung und einem großen Audi ausgestattet, dürfen sie fortan ihre Untergebenen unter Druck setzen. Doch selbst diesen »Traumjob« üben bei Lidl die meisten Verkaufsleiter nicht lange aus. Die Fluktuation sei erheblich, weiß Hannes B.   GG

Knüppeln und kontrollieren ohne Ende

Ansage an den Führungsnachwuchs: »Unter 55 Stunden werden Sie hier nicht arbeiten«

Um seinen Nachwuchs wirbt Lidl per Internet mit Argumenten aus dem Reich der Phantasie: »Die persönliche Achtung und Wertschätzung aller unserer Mitarbeiter« sei nicht nur »eine ethische und soziale Aufgabe«, sondern auch »absolut betriebsnotwendig«, heißt es in digitalen Anzeigen. »Unser Führungsstil ist durch das Prinzip der Partnerschaft gekennzeichnet.« Darüber können Lidl-Beschäftigte aller Ebenen nur den Kopf schütteln.

»Brutal ist gar kein Ausdruck, man knüppelt ohne Ende«, sagt Matthias Nehm über die Zeit seiner Ausbildung und Einarbeitung. »In meinem Ausbildungsvertrag war eine wöchentliche Arbeitszeit von 37,5 Stunden festgelegt, das ist ja auch an das Gesetz gebunden. Am Ende des ersten Monats kam meine Ausbildungsleiterin zum ersten Mal in die Filiale und schaute auf den Arbeitsplan. Sie fragte, ob ich sie noch alle beisammen hätte und sagte dann nur: »Unter 55 Stunden werden Sie hier nicht arbeiten, das erwarten wir von Ihnen. Sie wollen doch mal Verkaufsleiter werden«. Und so war das bei allen. Das verstößt absolut gegen das Ausbildungsgesetz«.

Wer schon in den Einstellungsgesprächen zuviel Rücksichtnahme und Sozialkompetenz zeige, falle leicht durch das Raster, beschreiben Insider den Beginn des harten Drills. Statt einer »offenen Unternehmenskultur« (O-Ton Lidl) hat Matthias Nehm ein ständiges Klima der Angst und des Misstrauens bis hinein in die Verkaufsleitersitzungen erlebt – und selbst daran mitwirken müssen. Über allem steht die Kontrolle der Kosten und des Personals. »Sie warten zum Beispiel abends, bis die Mitarbeiter den Markt verlassen, fahren schnell vor und sagen oder rufen »Spätkontrolle«. Dann werden alle, die noch da sind, kontrolliert. Nachgeschaut wird in den Taschen und auch in den Autos, falls die Mitarbeiter welche haben. Das geschieht einmal pro Woche. Dafür gibt es eine Checkliste und man kreuzt an: Kontrolle Pkw, Taschenkontrolle, Alarmanlage und so weiter«.   A.HA.

DER ZOOM BIS IN JEDEN WINKEL

»Meine Filialen lagen in einem Stadtviertel, der als sozialer Brennpunkt gilt. Ich hatte flächendeckend Detektiveinsatz und in zwei Läden auch Videoüberwachung. Als ich in einer Filiale eine neue Kameranlage installiert bekam, habe ich das zum ersten Mal in Augenschein genommen. Das war astrein, man konnte jeden Winkel im Markt anzoomen. Dann habe ich mitbekommen, dass es auch eine Kamera im Lager gab. Das wunderte mich, aber mein Vorgesetzter sagte nur: »Man weiß ja nie, die Fuhrenfahrer können ja was mitnehmen und wir müssen doch ab und zu auch unsere Mitarbeiter kontrollieren.«

(Aussage eines ehemaligen Verkaufsleiters, November 2004)

Das Lehrstück Lidl Unna:

Wie man Gründungen von Betriebsräten systematisch verhindert

Um erstmals einen Betriebsrat in einem Unternehmen zu wählen, sind Organisationstalent, Kenntnis des Betriebsverfassungsgesetzes und geschicktes Taktieren im Umgang mit der Geschäftsleitung nötig. Bei Lidl jedoch reicht das alles längst nicht. Denn das zweitgrößte Discountunternehmen der Bundesrepublik mit Sitz in Neckarsulm hat die Verhinderung von Betriebsräten offensichtlich zu einer Firmenmaxime erhoben.

Das belegt etwa das Beispiel Unna. Hier befindet sich das Lidl-Zentrallager für die Region, 230 Mitarbeiter/innen sind im Lager beschäftigt, und die haben erstaunlicherweise seit Jahren einen funktionierenden Betriebsrat. Für ver.di ein Anknüpfungspunkt, um von diesem zentralen Standort aus einen gemeinsamen Betriebsrat für die Bereiche Lager, Verwaltung und Verkaufsstellen in den Kreisen Unna, Soest, Paderborn, Warendorf und Hochsauerlandkreis zu wählen. So war es geplant für die anstehenden Betriebsratswahlen am 17. März 2002. Doch die Lidl-Geschäftsführung machte von Anfang an klar, dass sie dieses Vorhaben mit allen Mitteln verhindern wollte.

Zunächst verweigerte das Unternehmen die Herausgabe der Liste mit den Namen aller wahlberechtigten Mitarbeiter/innen – und musste vom Arbeitsgericht Dortmund per Einstweiliger Verfügung daran »erinnert« werden, dass es zu dieser minimalen Kooperation verpflichtet ist. Die Liste kam, doch die Betriebsratswahlen für rund 1.200 Beschäftigte in 120 Filialen und zwanzig Verkaufsbezirken waren damit kein Stück näher gerückt. Denn Anfang 2002 strukturierte Lidl kurzerhand sein Unternehmen in der Region Unna um: Die 120 Verkaufsstellen wurden in die Lidl Vertriebs GmbH & Co KG ausgegliedert, denn, so die Geschäftsleitung, Lager und Filialen hätten »unterschiedliche Betriebszwecke«.

Gemeinsame Wahlen waren damit unmöglich geworden, aber zumindest in einzelnen Verkaufsstellen gab es genügend Beschäftigte, die einen Betriebsrat wollten und bereit waren, dafür zu kandidieren. Monatelang war Harald Maier von ver.di Nordrhein-Westfalen von Verkaufsstelle zu Verkaufsstelle gefahren und hatte mit hunderten von Mitarbeiter/innen gesprochen, von denen sich etliche engagieren wollten, um grassierender

Arbeitsüberlastung, fehlenden Pausenregelungen, unbezahlten Überstunden und permanentem Druck durch die Vorgesetzten ein rechtswirksames Instrument entgegenzusetzen.

Systematische Einschüchterung und die Bereitschaft für Betriebsratswahlen bröckelte

Doch Anfang 2003 wandelte sich das Bild schlagartig: Waren zunächst noch die Mitarbeiter/innen von rund siebzig Filialen bereit, sich an Betriebsratswahlen zu beteiligen, bröckelte die Bereitschaft nach systematischer Einschüchterung durch die vorgesetzten Verkaufs- und Bezirksleiter massiv ab. In drei Filialen hätte es letztlich Betriebsratswahlen geben können – wenn nicht Lidl just an dem Abend, für den die vorbereitende Betriebsversammlung angesetzt war, die Beschäftigten der entsprechenden Verkaufsstellen zu einer Schulung geschickt hätte. Statt der wahlberechtigten und wahlbereiten Verkäufer/innen und Filialleiter/innen erschienen Angehörige der Lidl-Geschäftsführung, die sicher gehen wollten, dass tatsächlich kein Untergebener an der Versammlung teilnahm.

»Das Unternehmen Lidl versucht, demokratische Spielregeln in seinen Betrieben zu verhindern und akzeptiert nicht, dass Arbeitnehmer ihre Interessen geltend machen«, kommentiert ver.di-Handelssekretär Norbert Glaßmann die Erfahrungen in seinem Wirkungsbereich. »Es muss mächtig Druck gemacht werden, um etwas zu bewegen. Da reicht Unna allein nicht aus. Wir brauchen eine breite bundesweite Kampagne.«

Doch Lidl begnügte sich nicht damit, die Wahl neuer Betriebsräte zu verhindern. Im Spätsommer 2003 fällte das Unternehmen eine Entscheidung, die unter anderem auch die Schwächung des bestehenden Betriebsrates im Zentrallager Unna zur Folge hatte. Per 1. September 2003 wurde der Fuhrpark des Lidl-Lagers mit vierzig Fahrern und 15 Fahrzeugen an die Firma H & K Betontransporte GmbH & Co KG, Köln (»Hägele Gruppe«) ausgegliedert. Ganz »zufällig«

»LIDL VERSUCHT, DEMOKRATISCHE SPIELREGELN IN SEINEN BETRIEBEN ZU VERHINDERN. WIR MÜSSEN DRUCK MACHEN«

gehörte auch der freigestellte Betriebsratsvorsitzende zur Gruppe der Fahrer; in seiner Eigenschaft als Betriebsratsvorsitzender hatte er dem Betriebsübergang des Fuhrparks nach § 613 a BGB widersprochen. Lidl kündigte dem langjährigen Mitarbeiter mit der Begründung, ihn nicht adäquat im Unternehmen beschäftigen zu können. Da der Betriebsrat der Kündigung nicht zustimmte und ver.di nachweisen konnte, dass es sehr wohl Einsatzmöglichkeiten im Unternehmen für ihn geben würde, landete der Fall vor dem Arbeitsgericht. Wie oft bei Lidl endete die Auseinandersetzung mit einem »Kompromiss«: Der engagierte Mitarbeiter erhielt eine Abfindung, verpflichtete sich aber auch, mit Außenstehenden nicht über sein Arbeitsverhältnis bei Lidl und seine Betriebsratstätigkeit zu sprechen. GG

Drohverhalten in Nordrhein-Westfalen:

Alle Chefs erschienen zur Wahlversammlung

Wie Discounter mit ihren Beschäftigten umspringen, das kennt Harald Maier aus nächster Nähe. Viele Jahre war er Aldi-Betriebsratsvorsitzender in Radevormwald (Nordrhein-Westfalen), seit 2001 unternahm er ehrenamtlich als ver.di-Gewerkschafter sehr viele Filialbesuche bei Lidl in der Niederlassung Unna.

Seine Erfahrung: Der Wunsch Betriebsräte zu wählen, war in einer erster Runde seiner Filialbesuche sehr groß. Die Geschäftsführung zog daraufhin massive Drohgebärden auf, die über die Verkaufsleiter an die Filialleitungen herangetragen wurden. Bei einer Versammlung zur Vorbereitung von Betriebsratswahlen im Frühjahr 2003, zu der die Gewerkschaft eingeladen hatte, erschienen dann leider keine Beschäftigten. »Lediglich die gesamte Führungsmannschaft war vertreten und verteilte sich an sämtlichen Zugängen zum Versammlungsort. Hierdurch sollten abtrünnige Mitarbeiter/innen festgestellt werden«, schildert Maier die Vorgehensweise der anderen Seite. Wie ver.di nachher erfahren habe, seien alle eingeladenen Filialmitarbeiter zum selben Zeitpunkt kurzfristig zu einer »Schulungsmaßnahme« verdonnert gewesen.

Auch wie die Vorgesetzten den Beschäftigten vor Ort drohen, weiß der Gewerkschafter und nennt Beispiele: In einer Filiale habe der Filialleiter deutlich die Meinung vertreten, dass ein auch für die Verkaufsstellen zuständiger Betriebsrat schon längst überfällig wäre. Dies würde aber von der Geschäftsleitung mit allen Mitteln verhindert. »Auch mit ihm sei hierüber schon geredet worden und man habe deutlich darauf verwiesen, dass man sich von Mitarbeitern, die einen Betriebsrat wählen wollten, in jedem Fall sofort trennen würde«, berichtet Harald Maier.

In einem anderen Lidl-Laden hatte die stellvertretende Filialleiterin zufällig ein Gespräch zwischen dem Verkaufsleiter und der Leiterin der Filiale mitgehört: Die Chefin sollte dafür sorgen, dass niemand auch nur Anzeichen zu einer Bereitschaft erkennen ließe, einen Betriebsrat wählen zu lassen. Ansonsten würde man Mittel und Wege finden, so der Verkaufsleiter, das Personal »auszutauschen« oder würde alle entlassen. Dies hätte man in anderen Verkaufsbezirken schon praktiziert. A.HA.

EIN STÜCK DEMOKRATIE IM BETRIEB

Demokratie kann nur dort stattfinden, wo bestimmte Regeln unserer Gesellschaft eingehalten und überprüft werden. Diese Regeln sind in Gesetze gegossen. Für die betriebliche Sphäre ist es das Betriebsverfassungsgesetz. Der Schutz der Beschäftigten vor betrieblicher Willkür, Gesundheitsgefahren und Missbrauch bzw. Unterlaufen bestehender Regelungen kann nur durch das kollektive Arbeitsrecht kontrolliert werden. Dieses kollektive Arbeitsrecht kann aber nur durch einen Betriebsrat durchgesetzt werden. Von daher kommt der Gründung von Betriebsratsorganen eine hohe demokratische Bedeutung zu. Ohne Betriebsrat greift das Betriebsverfassungsgesetz nicht. Das bedeutet z.B. dass der § 80 Betriebsverfassungsgesetz nicht gilt, der da sagt: »Alle zu Gunsten der Beschäftigten geltenden Gesetze, Unfallverhütungsvorschriften, Tarifverträge, Betriebsvereinbarungen sind durchzuführen«...

Die Mitwirkungs- und Mitbestimmungsrechte der Interessenvertretung der Beschäftigten bei der Gestaltung von z.B. Arbeitszeiten, bei Einstellungen oder Kündigungen oder auch der Vermeidung sozialer Härten bei Betriebsänderungen und Schließungen (§ 111/112) BetrVG sind außer Kraft. Deswegen ist die Installation von Betriebsräten ein Vorgang, der gewährleistet, dass auch im Betrieb rechtliche Standards eingehalten werden müssen.

Lidl lässt seit Oktober 2004 Speditionen die Transporte abwickeln

Fuhrparks ausgegliedert

Die Nachricht kam urplötzlich, wenngleich nicht völlig überraschend: Nachdem Lidl bereits 2003 den Fuhrpark seines Lagerstandortes Unna an ein Betontransportunternehmen abgegeben hatte, erhielten Ende Juni 2004 die Beschäftigten an neun weiteren Standorten Bescheid, dass »ihre« Fuhrparks ausgegliedert würden. Inzwischen ist die Entscheidung vollzogen; Lidl hat seit dem 1. Oktober keinen eigenen Fuhrpark mehr.

An den Lagerstandorten Speyer, Neuwied, Grevenbroich, Wunstorf, Cloppenburg, Eggolsheim, Töpen, Pfaffenhofen und Kremmen wickeln nun Fremdspeditionen den Warentransport ab.

Bis zum Herbst 2004 hatten die Betriebsräte an sieben Standorten – bis auf Cloppenburg und Wunstorf – nach schwierigen Verhandlungen jeweils Interessenausgleichsvereinbarungen unter Dach und Fach gebracht. Die Mehrzahl der Fahrer wechselte nicht zu den Fremdspeditionen, sondern ging mit Abfindungen aus dem Unternehmen. Die Beschäftigten, die sich auf den Wechsel einließen, erhalten beispielsweise in Töpen von der Spedition für die selbe Arbeit nur noch etwa fünfzig Prozent des früheren Lohns, müssen auf Urlaubs- und Weihnachtsgeld verzichten und wurden auf einen Jahresurlaub von vier Wochen heruntergesetzt. An zwei anderen Standorten sind insgesamt drei

Fahrer bei Lidl geblieben und arbeiten nun zu ihren früheren Löhnen im Bereich Müllentsorgung, berichtet Christian Paulowitsch (ver.di), der die bundesweit bestehenden Lager-Betriebsräte bei Lidl in ihrer Arbeit unterstützt.

Zumindest unter dem Aspekt der eigenen Unversehrtheit mögen manche Fahrer sogar froh sein, nicht mehr für den Discounter Waren expedieren zu müssen: WDR-Recherchen ergaben, dass Lidl-Fahrer in vielen Fällen mit einer Durchschnittsgeschwindigkeit von 95 Stundenkilometern durch die Lande rasen mussten, um ihre Tourenvorgaben zu erfüllen. Die Lkw waren zum Teil alt und hochgradig reparaturanfällig. Auch die Überschreitung des zulässigen Gesamtgewichtes durch Überladung soll an der Tagesordnung gewesen sein. GG

»ES SOLLTEN SICH GERADE AUCH DIE FILIALLEITER WEHREN«

»Seit kurzem bin ich Mitglied bei ver.di und habe dadurch mehr erreicht, als ich zu hoffen wagte. Beschäftigt bin ich bei der Firma Norma. Ich begrüße Ihre Kampagnen gegen Lidl, Aldi und Schlecker sehr und kann nur sagen, dass es bei der Firma Norma auch nicht anders läuft: unbezahlte Arbeitszeiten vor und nach Ladenschluss, unbezahlte, sich anhäufende Überstunden, mindestens 40 Artikel pro Minute usw.!

Ich bin der Meinung, dass viel mehr Verkäuferinnen, aber erst recht Filialleiter sich organisieren sollten und sich dadurch gegen die Situation wehren sollten. Ein Filialleiter hat mir seine Hochachtung ausgesprochen, als er erfahren hat, dass ich mich gewehrt habe und damit zumindest auch noch einen Teilerfolg erzielt habe. Aber entweder bekommen diese Kollegen den Allerwertesten nicht hoch oder haben gleich Angst vor Kündigung.«

(Zuschrift an ver.di von W.M., Stuttgart)

Im Lidl-Lager-Bereich gehören Betriebsräte dazu

Entmachtung durch Umstrukturierung

Es müssen noch andere Regeln im Lidl-Herrschaftsbereich gegolten haben, als das Lager Pfaffenhofen vor etwa zwanzig Jahren entstand. Zwar wurde auch hier anfangs nicht nach Tarif bezahlt, es fehlte an geregelten Arbeitszeiten, und das Gros der Beschäftigten arbeitete mit befristeten Verträgen. Aber angesichts solcher Missstände konnte schon nach etwa einem Jahr ein Betriebsrat gegründet werden, der in der folgenden Zeit verlässliche Bedingungen für die rund 215 Beschäftigten aushandelte.

»Wir haben tarifliche Entlohnung nach dem von der Gewerkschaft ausgehandelten Einzelhandelstarifvertrag durchgesetzt, eine Betriebsvereinbarung zu Arbeitszeiten ausgehandelt und einiges mehr«, sagt die amtierende Betriebsratsvorsitzende des Lagers, Manuela Span. Doch inzwischen haben die neun Kolleginnen und Kollegen des Betriebsrates eine Menge neuer Sorgen. Ende Juni 2004 wurde ihnen – wie auch den Belegschaften von sieben weiteren Lagerstandorten – die Ausgliederung ihres Fuhrparks angekündigt.

Manuela Span: »Uns wurde eine fachfremde Firma, ein Betonwerk aus Sachsen-Anhalt, als Übernehmer präsentiert. Die Fahrer haben sich geweigert, dorthin zu wechseln, zumal sehr offen gedroht wurde, dass sich die Bedingungen nach Ablauf der gesetzlichen Übergangsfrist erheblich verschlechtern würden.« Zwölf Fahrer gingen daraufhin mit individuellen Abfindungsverträgen, die übrigen 18 Fuhrpark-Beschäftigten aus Pfaffenhofen verließen nach Abschluss des Interessenausgleichs Anfang November 2004 das Lidl-Lager mit betriebsbedingten Kündigungen.

Der Betriebsrat fürchtet, dass hinter dem Ganzen ein Konzept steckt – allerdings ein bisher noch undurchschaubares. Denn bisher (Stand: Mitte November 2004) ist unklar, wie der Warentransport künftig abgewickelt werden soll. Unmittelbar geschwächt wurde durch die Ausgliederung jedenfalls der Betriebsrat; immerhin drei seiner Mitglieder kamen aus dem Fuhrpark-Bereich. Und bei den nächsten regulären Wahlen werden dem Gremium nur noch sieben statt bisher neun Mitglieder angehören, da die Belegschaftsstärke durch den Weggang bzw. die Kündigung der dreißig Fahrer auf unter 200 sinkt.

Sorgen machen sich die Pfaffenhofer Betriebsräte auch wegen der angekündigten Einführung der beleglosen Kommissionierung. »Wir wollen das nicht so zulassen, denn durch dieses System ist die vollständige Kontrolle der Mitarbeiter möglich«, sagt die Betriebsratsvorsitzende. Bisher hat der Betriebsrat noch verhindern können, dass dadurch jede einzelne Bewegung der Kommissionierer/innen bis ins Detail im Computersystem verfolgt und aufgezeichnet werden kann. »Der Druck nimmt aber zu«, stellt Manuela Span fest. »Wir bekommen von Vorgesetzten zu hören, dass wir uns nicht wundern sollten, wenn unser Lager einem neuen Logistikstandort zum Opfer fallen könnte. Schließlich würden wir uns gegen alle Vorschläge der Geschäftsführung stellen.«

Bundesweit gibt es 25 Lidl-Lager, immerhin 16 von ihnen haben einen Betriebsrat. Der Austausch zwischen ihnen funktioniert – nicht zuletzt dank gemeinsam besuchter Schulungsveranstaltungen.

GG

AUS DEM ARBEITSVERTRAG EINER LIDL-BESCHÄFTIGTEN

»Mit der Überstundenpauschale sind Überstunden mit den entsprechenden Zuschlägen in Höhe des durchschnittlich zu erwartenden Umfangs an monatlicher Mehrarbeit abgegolten. Die Pauschalvergütung kann durch den Arbeitgeber jederzeit mit sofortiger Wirkung widerrufen werden, insbesondere bei Verzicht auf eine Überstundenerbringung im pauschal abgegoltenen Umfang oder bei Verhinderung des Arbeitnehmers an der Erbringung.«

»Dem Arbeitgeber wird das Recht eingeräumt, Taschenkontrollen durchzuführen. Postvollmacht wird nicht erteilt.«

»Bitte und Danke gehören zu jedem Kassiervorgang... Die Missachtung dieser Grundsätze stellt eine Störung des Betriebsablaufs dar und kann disziplinarische Maßnahmen begründen.«

Bei Lidl nicht ohne: Betriebsräte

Auch wichtig: Jugend- und Auszubildenden-Vertretungen und Vertretung der Schwerbehinderten

Ver.di will Lidl-Beschäftigte dabei unterstützen, gerechte und menschenwürdige Arbeitsbedingungen einzufordern und mit Betriebsräten durchzusetzen. Das Ziel ist, bundesweit filialübergreifende und damit wirksame Betriebsräte zu wählen. Gemeinsam mit Betriebsräten aus Lidl-Lagern soll so erstmalig die Grundlage für eine flächendeckende Interessenvertretung der Arbeitnehmer/innen im Unternehmen geschaffen werden.

Wozu Betriebsräte? Durch ihr Engagement können Arbeitsbedingungen in Einzelhandels-Filialen deutlich verbessert werden. Nur über Betriebsräte können Arbeitnehmer/innen ihre Rechte auf Mitbestimmung in sozialen und personellen Angelegenheiten auch wirklich wahrnehmen.

Betriebsräte stellen sicher, dass geltende Gesetze und Tarifverträge in der Filiale eingehalten und umgesetzt werden. Betriebsräte stehen dafür ein, dass besondere Belastungen und Benachteiligungen von Frauen im Arbeitsleben beseitigt werden. Die meisten Beschäftigten arbeiten gerne im Verkauf, sie wollen gute Produkte zu fairen Preisen verkaufen und wünschen sich, mehr Zeit für Kunden zu haben. Betriebsräte helfen mit, dass es engagierte und qualifizierte Kräfte im Handel gibt, die gemeinsam mit Filialleitung und Kolleg/innen im Team erfolgreich arbeiten wollen.

Die Filialleitungen tragen die Gesamtverantwortung für die Filiale, Ware und Geld. Wie viel Personal eingesetzt werden kann und wie hoch die Vorgaben auf Umsatzerwartung im Verhältnis zu den Personalkosten sind, können sie allerdings nicht bestimmen. Auch bei Warensortiment, Aktionsangeboten und Preisen, bei Lieferzeiten und Öffnungszeiten können Filialleitungen in der Regel nicht vor Ort entscheiden. Sie erstellen mit dem vorhandenen Personal die Einsatzpläne in der Filiale und koordinieren den Tagesablauf zwischen den einzelnen Beschäftigten.

Für Filialbeschäftigte sind Personalbesetzung und Arbeitszeitregelungen besonders wichtig. Um die anfallende Arbeit schaffen zu können, muss ausreichend Personal vorhanden sein, damit die Beschäftigten ihre körperliche und seelische Gesundheit auch auf längere Sicht erhalten können.

Anordnungen für die Arbeit an den Kassen, bei der Warenlieferung und Verräumung oder bei der Wartung von Filiale und Parkplatz, die die Gesundheit regelrecht aufs Spiel setzen, können nicht mehr einseitig von der Geschäftsleitung getroffen werden, wenn es Betriebsräte gibt.

Mitbestimmung: Wenn sich Maßnahmen direkt aufs Personal auswirken

Mit ausreichend Personal können Arbeits- und Freizeittage, Arbeitsbeginn und -ende sowie Pausenregelungen viel besser geplant und eingehalten werden. Betriebsräte können unbezahlte Arbeitsstunden und Anhäufungen von Überstunden verhindern. Vor allem für Frauen mit Kindern wird es so um ein Vielfaches einfacher, Familie und Beruf zu vereinbaren.

Wichtig ist zudem der Schutz vor psychischem Stress und Beeinträchtigung von Persönlichkeitsrechten: Dauerbelastungen durch Druck und Kontrollen, unfaire Testkäufe und Video-Überwachung sowie Durchsuchen von Spind, Privat-Taschen und PKW ohne hinreichenden Verdacht kann durch Betriebsräte unterbunden werden.

Langjährige und ältere Kolleg/innen können geschützt werden und ihre Stellen beibehalten, auch wenn der Tariflohn ein paar Cent höher als bei ungelernten Neueinsteigern liegt. Voll sozialversicherte Teilzeitbeschäftigte können nicht einfach durch Minijob-Beschäftigte mit geringen Sozialabgaben ersetzt werden. Und: Beschäftigte stehen mit Betriebsräten bei Problemen nicht mehr alleine gegenüber den vorgesetzten Verkaufs- oder Vertriebsleitern.

Betriebsräte haben das Recht über die wirtschaftliche Situation des Unternehmens und der Filialen Auskunft zu erhalten. Sie können so Maßnahmen der Unternehmensleitung beurteilen und dann mitbestimmen, wenn sich diese direkt auf das Personal auswirken sollen.

Auch bei Abmahnungen oder Kündigungen tragen Betriebsräte dazu bei, dass Beschäftigte ihren Arbeitsplatz behalten können, dass Willkür von Vorgesetzten unterbleibt und fairer Umgang und soziale Aspekte berücksichtigt werden. Gibt es Betriebsräte, können sich Beschäftigte in Betriebsversammlungen, bei Filialbesuchen und Sprechstunden austauschen, ihre gemeinsamen Anliegen besprechen und Ideen entwickeln. Beschäftigte können ihre Anregungen, aber auch ihre Kritik mit Hilfe der Betriebsräte einbringen und mit Führungskräften nach Lösungen suchen. Für ein konstruktives Miteinander von Geschäftsführung und Beschäftigten sind Betriebsräte unverzichtbar.
AGNES SCHREIEDER

REGIONALBETRIEBSRÄTE: NAHE AN DEN FILIALEN

Die meisten Filialunternehmen im Handel haben Betriebsräte, die über Verkaufsregionen oder -bezirke, oft gemeinsam mit den zugeordneten Lagern, gewählt werden. Regionale Betriebsräte bilden über das ganze Bundesgebiet normalerweise einen Gesamtbetriebsrat und innerhalb des Konzerns einen Konzernbetriebsrat.

Die Wahl von Betriebsräten über mehrere Filialen macht auch bei Lidl Sinn: Nur so können Betriebsräte bei Lidl die vollen gesetzlichen Mitbestimmungsrechte für die Arbeitnehmer/innen wahrnehmen. In einzelnen Filialen können nach dem Gesetz nur einköpfige Betriebsräte gewählt werden, deren Rechte stark begrenzt sind. Zudem können Betriebsräte nur dann Freistellungen erhalten, wenn sie über 200 Arbeitnehmer/innen vertreten. In der Praxis ist diese Freistellung wichtig, denn für Betriebsratsarbeit neben den Aufgaben in der Filiale bleibt bei dem vorhandenen Leistungsdruck kaum Zeit.

Regionale Betriebsräte sind allerdings auch nahe genug an den Filialen, um Kolleg/innen vor Ort bei Problemen am Arbeitsplatz, bei persönlichen Änderungen oder bei Veränderungen im Unternehmen zu unterstützen. In Betriebsversammlungen, Sprechstunden und Filialbesuchen können Betriebsräte informieren und gemeinsam mit der Geschäftsleitung an der Verbesserung der Arbeitsbedingungen arbeiten.

Vertretung von Jugendlichen, Auszubildenden und Schwerbehinderten

Effektive, filialübergreifend gewählte Betriebsräte sind auch die Voraussetzung zur Bildung von wirksamen Jugend- und Auszubildendenvertretungen und Vertretungen für die im Betrieb beschäftigten Schwerbehinderten.

Wenn die Betriebsratswahl nur jeweils für eine Filiale stattfindet, dann wird es ganz sicher weder zu Jugend- und Auszubildendenvertretungen und Schwerbehindertenvertretungen kommen, obwohl bei Lidl Hunderte von Jugendlichen und Schwerbehinderten beschäftigt sind.

Lidl ist mit 3.500 Filialen bald in ganz Europa präsent

»Deutschland wurde uns zu klein«

Egal, ob im nördlichen Finnland oder an der portugiesischen Algarve-Küste: Lidl ist schon da. Begonnen hatte die Auslandsexpansion des Discounters 1988/89 – zunächst mit nur einem Markt im französischen Colmar. 16 Jahre später wird die Zahl der Standorte allein in Frankreich inzwischen auf 1.100 geschätzt. In ganz Europa waren es bis Ende 2004 – abzüglich des Lidl-Netzes in Deutschland – ziemlich genau 3.500 Läden verteilt auf 17 Länder. Für 2005 wird der »Markteintritt« in Dänemark, Bulgarien und in den baltischen Staaten erwartet. Lidl peilt aber auch außereuropäische Gefilde an, obwohl der schon angekündigte Sprung nach Kanada erst einmal auf unbestimmte Zeit verschoben wurde. »1989 wurde uns Deutschland zu klein«, begründet Lidl selbst das starke Engagement auf ausländischen Märkten.

Die Arbeitsbedingungen und die Beziehungen zu den Gewerkschaften gestalten sich von Land zu Land durchaus unterschiedlich; das wurde auch bei einer Lidl-Konferenz des internationalen Gewerkschaftsverbundes UNI-Handel Europa deutlich, die im April 2004 in Tampere/Finnland stattfand. Während sich Lidl z.B. auch in Frankreich gegen jeden gewerkschaftlichen Einfluss im Betrieb wehrt und in Spanien nicht dem Arbeitgeberverband beigetreten ist, stellt sich das Bild in Nordeuropa und in den Benelux-Staaten zum Teil besser dar. Lidl dürfte »den Einfluss und die Widerstandskraft der Gewerkschaften« im nordeuropäischen Markt unterschätzt haben, kommentierte die »Frankfurter Allgemeine Zeitung« im Herbst 2003 anfängliche Schwierigkeiten des Discounters bei der Expansion in Skandinavien.

Finnland: Misstrauen und Kontrolle sind nach Darstellung der finnischen Gewerkschaft PAM auch in diesem skandinavischen Land Elemente der Personalpolitik bei Lidl. Dennoch verzeichne man Erfolge bei der Organisierung der Beschäftigten. Das Unternehmen zeige keine besonders ausgeprägte Feindschaft gegenüber der finnischen Gewerkschaftsbewegung und habe sich verpflichtet, Kollektivverträge über Einkommen und Arbeitsbedingungen auszuhandeln.

Schweden: Hier gibt es ähnliche Erfahrungen wie in Finnland. Lidl gehört dem Arbeitgeberverband an und verhandelt mit der Gewerkschaft »Handels«. Allerdings kommt es seit Eröffnung der ersten Filialen im August 2003 immer wieder zu Klagen aus der Belegschaft und zu kritischen Artikeln in der Presse. Arie Struik, ein führender Lidl-Manager, verließ im August 2004 das Unternehmen. Als ein Motiv nannte er gegenüber Journalisten die anhaltende Kritik an der Personalpolitik, die er offenbar nicht mehr mittragen wollte.

Das Unternehmen stelle gerne junge Leute ohne Berufserfahrung ein, um die Löhne niedrig zu halten, berichtet »Handels«. Lidl erwarte, dass die Beschäftigten ständig einsatzbereit seien, auch wenn sie meist nur Teilzeitverträge über 20 Wochenstunden hätten. In Tyresö bei Stockholm kritisierten die örtlichen Grünen im September 2004 »die zynische und menschenfeindliche Personalpolitik von Lidl«. Angestellte würden »unter Druck gesetzt und kontrolliert«. Für Ärger sorgte nach einem Bericht der Zeitung »Stockholm City« auch die Anweisung, dass Beschäftigte nicht ohne Genehmigung die Toilette aufsuchen durften.

Norwegen: Im Vorfeld der Eröffnung von zunächst zehn Märkten (August 2004) hatte es in Norwegen massive öffentliche Kritik an Lidl und einige Boykottaufrufe gegeben. Ein Hauptkritikpunkt war die übliche Geheimniskrämerei des Discounters, der weder die Sortimentspolitik noch andere Einzelheiten seines Geschäftsgebarens offen legte. Ein negatives Echo erzeugten auch Artikel über das Trainingsprogramm für Verkaufsleiter: Einige Kandidaten gaben gegenüber der Presse Details aus ihrem künftigen

Tätigkeitsbereich preis. Sie sollten nach diesen Berichten regelmäßig das Verkaufspersonal auf versteckte Waren hin kontrollieren, während der gesamten Öffnungszeit von 7.30 Uhr bis 21 Uhr einsatzbereit sein und keinen privaten Kontakt zu anderen Nachwuchsmanagern haben. Um so überraschender verhielt sich Lidl beim Start der Filialen: Alle Beschäftigten bekamen zur Begrüßung einen Umschlag, der außer allgemeinen Informationen auch einen Mitgliedsantrag für die Gewerkschaft enthielt.

EUROPA

ISLAND

FINNLAND 60
NORWEGEN 10
SCHWEDEN 35
ESTLAND
LETTLAND
DÄNEMARK
LITAUEN
IRLAND 43
GROSS-BRITANNIEN 321
NIEDERLANDE 200
POLEN 75 36
WEISS-RUSSLAND
DEUTSCHLAND 2500 450
BELGIEN 221
TSCHECHIEN 100 58
SLOWAKEI 20 15
UKRAINE
FRANKREICH 1070
SCHWEIZ
ÖSTERREICH 100
UNGARN 20
RUMÄNIEN 10
SLOWENIEN 30
ITALIEN 300
KROATIEN 16
BULGARIEN 1
PORTUGAL 166
SPANIEN 362
GRIECHENLAND 85
TÜRKEI

Belgien: Mit rund 220 Filialen ist Lidl in Belgien stark vertreten. Nach Angaben der Gewerkschaft LBC-NVK, die mit Lidl Tarifverträge aushandelt, gibt es seit sechs Jahren ein funktionierendes System der betrieblichen Interessenvertretung. Die Phase seit Eröffnung der ersten Läden im Jahr 1995 sei zunächst sehr schwierig gewesen. Doch auch heute gebe es noch viele Schwierigkeiten. Filialleiter seien oft gezwungen, 50 Stunden pro Woche und mehr zu arbeiten. Ein Erfolg: Dank der Initiative von Beschäftigten und Gewerkschaft sind willkürliche Taschen- und Pkw-Kontrollen inzwischen abgeschafft worden.

Niederlande: Über mangelnden Arbeits- und Gesundheitsschutz in den Lagerstandorten berichtete bei der UNI-Konferenz in Tampere ein Gewerkschafter aus den Niederlanden. Lidl stelle insbesondere Mitarbeiter ein, die sehr einsatzbereit sind, weil sie wegen mangelnder Qualifikation keine andere Alternative haben. Gewerkschaftskontakte gebe es mit dem Management auf lokaler Ebene.

UNI Handel, ver.di sowie die Handelsgewerkschaften mehrerer Länder haben in 2004 eine stärkere Koordinierung ihrer Aktivitäten vereinbart, um den Konzern zu zwingen, überall die sozialen Standards einzuhalten und die Rechte der Beschäftigten zu respektieren. A.HA.

TOP 10 IM EUROPÄISCHEN HANDEL

Rang	Unternehmen	Land	Netto-Umsätze 2003 in Mrd. Euro	Marktanteil in %	Anteil Ausland in %
1	Carrefour S.A.	F	61,231	7,0	40,2
2	Metro AG	D	51,746*	5,9	47,0
3	Tesco Plc	UK	40,674	4,6	12,5
4	Rewe Zentral AG	D	39,180	4,5	28,6
5	ITM Entreprises S.A. (Intermarché)	F	33,100*	3,8	27,2
6	Aldi Gruppe	D	30,867*	3,5	37,0
7	Schwarz-Gruppe	D	29,534*	3,4	34,0
8	Groupe Auchan	F	28,706	3,3	40,1
9	Edeka-Gruppe	D	26,270**	3,0	8,8
10	E. Leclerc	F	24,200*	2,8	4,3

Quelle: Trade Dimensions / M+M EURODATA 3/2004
*geschätzt, ** incl. Außenumsatz des selbstständigen Einzelhandels, *** incl. AVA

Drei Frauen wegen bevorstehender Betriebsratsgründung entlassen

Gewerkschaft bekämpft Lidl-Willkür in Österreich

Die Wahl eines ersten Lidl-Betriebsrates in Österreich ist Anfang Oktober 2004 gescheitert, nachdem der Betriebsleiter drei Arbeiterinnen des Verteilzentrums in Lindach (Oberösterreich) kündigte. Das Unternehmen bestreitet jeden Zusammenhang zwischen den Entlassungen und der geplanten Betriebsratsgründung. Die Gewerkschaft spricht von Rambo-Methoden und zitiert den Chef des Lagers mit den Worten: »Ich werde das mit allen Mitteln verhindern, sie werden in mir den größten Feind haben«.

Karin Tuschek, eine der betroffenen Frauen, arbeitete seit zwei Jahren in dem Zentallager und wehrt sich gegen die Lidl-Willkür: Zwei ihrer Kolleginnen hätten Flugblätter über die bevorstehende Betriebsversammlung verteilt – auch an ihren Vorgesetzten. »Eine gute halbe Stunde später wurden sie gekündigt«, sagte sie gegenüber Journalisten. Sie selbst habe einen Tag später erfahren, dass sie die Arbeit verliert. Vorgeschaltet wurde eine sofortige Freistellung vom Dienst. Mit Transparenten »ArbeitnehmerInnen gefeuert, weil sie Betriebsrat wählen!« und auf Kundenflugblättern protestierte der Österreichische Gewerkschaftsbund (ÖGB) unmittelbar nach den Entlassungen vor 15 Lidl-Filialen in Oberösterreich. »Das Unternehmen Lidl soll spüren, dass gegen solche Machenschaften erbitterter Widerstand geleistet wird«, so ein führender Gewerkschafter. A.HA.

BIG BROTHER LIDL

Die Jury der »BigBrotherAwards« – sie werden seit fünf Jahren als »Oscars für Überwachung« an ausgewählte Firmen und Institutionen verliehen – zeichnete am 29. Oktober 2004 in Bielefeld auch Lidl-Eigentümer Dieter Schwarz aus.

Als besonders kritikwürdig erschien der Jury, der neben dem Verein FoeBuD u.a. auch die Liga für Menschenrechte, die Vereinigung für Datenschutz und der Chaos Computer Club angehören, die heimliche Videoüberwachung der Beschäftigten in einigen Lidl-Filialen.

Der Discounter stritt die aus Tschechien berichtete menschenunwürdige Behandlung von Verkäuferinnen (»Stirnbanderlass«, S. 83) in einem Brief an die Jury ab, ließ aber alle anderen Kritikpunkte unwidersprochen. Bei der Preisverleihung nannte Laudatorin Rena Tangens u.a. Videoüberwachung, willkürliche Taschenkontrollen, teilweise nicht bezahlte Überstunden sowie die Verhinderung von Betriebsräten mit allen Mitteln.

(ausführlich: www.bigbrotherawards.de)

Jede Menge Skandale in Tschechien

Erst als Lidl einlenkte wurden Boykottaufrufe von Umweltschützern fallen gelassen

In keinem Expansionsland hatte Lidl bisher derart negative Reaktionen in der Öffentlichkeit wie in Tschechien. Sowohl die Umwelt- und Verbraucherpolitik als auch die Arbeitsbedingungen innerhalb des Unternehmens standen wochenlang in der Kritik. Es fing damit an, dass Lidl staatlicherseits der Verkauf eines Kakaopulvers, das nur 30 Prozent aus Kakao bestand, untersagt wurde. Gleich darauf folgte der nächste Skandal: Im Sommer 2003 wurden vor und neben neun Lidl-Standorten innerhalb weniger Tage 102 Bäume gefällt. Zum Teil waren das über 100 Jahre alte Naturdenkmale, versperrten aber die Sicht auf die Läden. Lidl bestritt jede Verantwortung für die Baumfällaktion und es gab auch keine gerichtlich verwertbaren Beweise gegen die Firma. Doch nach Boykottaufrufen der Umweltorganisation »Kinder der Erde« und Verhandlungen mit den Kritikern verpflichtete sich der Discounter vertraglich, für jeden gefällten Baum zehn neue pflanzen zu lassen.

Ziemlich genau ein Jahr später berichteten tschechische Zeitungen breit über eine Anordnung, dass weibliche Beschäftigte eines Discounters Stirnbänder tragen sollten, damit sie während ihrer Menstruation ohne besondere Erlaubnis die Toilette aufsuchen durften. In einer Radiosendung und in der Wochenzeitung »Tyden« wurde kurz darauf der Name Lidl genannt. Auch das deutsche Branchenblatt »Lebensmittel-Zeitung« berichtete sehr kritisch. Erst Monate später dementierte die Neckarsulmer Unternehmenszentrale offiziell, als Lidl mit Verweis auf diesen Fall und miserable Arbeitsbedingungen in Deutschland mit dem Negativpreis »BigBrotherAward« (Kategorie Arbeitswelt) ausgezeichnet wurde (Bericht auf Seite 82). A.HA.

Zahl der Kaufland-Filialen hat sich seit 1998 verdoppelt

Heißhunger nach Standorten im In- und Ausland

Kaufland wird nachgesagt, »unglaublich hungrig« zu sein. Gemeint ist in erster Linie der Expansionshunger. Mit geschätzten 11,5 Milliarden Euro Umsatz fahren die SB-Warenhäuser und Verbrauchermärkte, die als Kaufland, KaufMarkt und Handelshof firmieren, rund ein Drittel des Gesamtumsatzes der Schwarz-Gruppe ein.

Allein seit 1998 hat sich die Zahl der Standorte verdoppelt. Ende August 2004 waren es in Deutschland 450, in anderen europäischen Ländern (Tschechien, Polen, Slowakei, Kroatien) etwa 110. Rechnet man die avisierten Neueröffnungen für 2004 und 2005 ein, so wird in absehbarer Zeit die Grenze von 600 großflächigen Discount-Läden (zwischen 2.500 und 14.400 Quadratmetern) überschritten sein. Eine besonders große Dichte fällt in den neuen Bundesländern auf. Hier ist Kaufland (inkl. KaufMarkt) mit knapp 200 Filialen Marktführer im Lebensmittelhandel.

Die Zahl von über 200 Betriebsratsgremien (sowie einiger Gesamtbetriebsräte) bei Kaufland erklärt sich zum Teil aus der jüngeren Geschichte dieses Schwarz-Tochterunternehmens, die insbesondere seit Mitte der 90er Jahre durch Zukäufe geprägt ist. Übernommen wurden seither knapp 190 Standorte von konkurrierenden Unternehmen. Bei vielen gab es bereits betriebliche Interessenvertretungen und gewerkschaftlichen Einfluss. Dafür stehen u.a. solche Namen wie Plaza/Coop, Karstadt, Famila, Grosso/Magnet, AVA, Wal-Mart, real,- und Spar/Eurospar. In Nordrhein-Westfalen existiert ein ver.di-Arbeitskreis der Kaufland-Betriebsräte.

Besondere Schwierigkeiten der Betriebsräte mit dem neuen Eigentümer traten 2003 in den ehemaligen Famila-Märkten in Nordrhein-Westfalen auf. Unter Androhung von Schließungen sei sofort versucht worden, Betriebsräte und Beschäftigte »auf Linie« zu bringen, kritisierte ver.di. Vorstandsmitglied Frömel dementierte dies. Jeder Mitarbeiter könne sich problemlos mit einer Beschwerde direkt an die oberste Führungsebene wenden. Eine ähnliche Argumentation gibt es bei Lidl, wo ein »Sorgentelefon« existiert. Doch wer sich beschwert läuft Gefahr, unmittelbar danach aus der mittleren Führungsebene unter Druck gesetzt zu werden.

Krasse Fälle von Mobbing bei Kaufland wurden in 2003 und 2004 aus Bayern und anderen Bundesländern gemeldet. In den ehemaligen Famila-Märkten ist nach Erkenntnissen der Gewerkschaft rund die Hälfte der Belegschaft seit der Übernahme ausgetauscht worden. Andererseits gibt es Betriebsräte, die ihrer Tätigkeit relativ ungestört nachgehen können. (Beitrag zu Kaufland Sachsen auf Seite 87) A.HA.

AN DIE WAND GENAGELT

Klaus Gehrig, Chef der Unternehmensgruppe Schwarz, in einem Interview mit dem »Handelsblatt« vom 13. Dezember: »Ich habe bis jetzt jeden an die Wand genagelt, der bei uns Öffentlichkeitsarbeit betrieben hat. Jetzt mache ich es selbst. Das ist natürlich ein Kulturschock.«

Gegen Widerstände

64 Interessenvertretungen bei Kaufland Sachsen

Betriebsratsarbeit bei Kaufland ist schwierig, manchmal unmöglich – doch immerhin gibt es eine Region, in der Beschäftigte von Kaufland/KaufMarkt überdurchschnittlich viele Betriebsräte haben: Sachsen. In 64 von 72 Märkten gibt es betriebliche Interessenvertretungen. Die starke Verbreitung bildet zum einen ab, dass Kaufland oftmals Häuser mit Betriebsräten von der Konkurrenz übernommen hat und deren Existenz »hinnehmen« muss. Zum anderen steckt dahinter aber auch intensive Gewerkschaftsarbeit. Im Rahmen eines seit 1998 laufenden Projektes konnte sich Dieter Traumüller von ver.di Sachsen schwerpunktmäßig um die Unterstützung der bestehenden Kaufland-Betriebsräte sowie den Ausbau der Betriebsratsstrukturen kümmern.

Dank dieser Arbeit wurden nicht allein Betriebsräte in weiteren Kaufland-Häusern gewählt; es konnten auch drei Gesamtbetriebsräte konstituiert werden, und zwar jeweils für die Kaufland Warenhandel GmbH & Co. KG in Mittel-, Südwest- und Ostsachsen. ver.di Sachsen selbst ist in den Kaufland-Häusern gut vertreten, und bietet für Mitglieder zweimal jährlich Wochenendseminare an. Schließlich engagieren sich Kaufland-Kolleg/innen auch aktiv in der Tarifkommission Einzelhandel.

Doch den Betriebsräten wird von Arbeitgeberseite das Leben reichlich schwer gemacht. Druck und Einschüchterungsversuche sind fast an der Tagesordnung. Wie das Beispiel Kaufland Meißen zeigt, wird auch schon einmal kurzerhand ein komplettes Haus aus der bestehenden GmbH ausgegliedert, wenn der Betriebsrat zu aktiv und selbstbewusst auftritt. GG

CODENAME »HAIFISCHTEICH«

Kaufland arbeite an seinem Image als Arbeitgeber, ließ Vorstandsmitglied Frömel vor einiger Zeit verlauten. Nicht schlecht. Selbst aus der Gipfelperspektive lassen sich Defizite erkennen. Doch schauen wir mal ins Tal, wo die Personalentwicklung stattfindet. Da gibt es den Kaufland-Förderkreis »Goldfischteich«: Unter diesem niedlichen Namen wurden 2004 sechs Lehrgänge durchgeführt, um qualifizierte Nachwuchskräfte aus den eigenen Reihen für die Position Warenbereichsleiter/in zu formen.

Mit Referaten, Rollenspielen und Fallstudien ging es zur Sache. Die Themen? Sie reichen von Kundenfreundlichkeit über den tieferen Einstieg in die Systeme Food und Nonfood bis hin zur Inventur. Völlig normal also und man hört Positives aus dem Teilnehmer/innenkreis. Nur der Code »Goldfischteich« wirft irgendwie Fragen auf.

Mehr noch, wenn man weiß, dass es noch einen anderen, einjährigen Förderkreis gibt. Dort werden künftige Hausleiter (und offenbar nur wenige Hausleiterinnen) ausgesucht und qualifiziert. Kaum zu glauben, aber es stimmt: Diesen Förderkreis nennt Kaufland »Haifischteich«. A.HA.

Einschüchtern gilt nicht bei Kaufland Ostsachsen

Betriebsratsarbeit zahlt sich aus

Sybille W. ist ein gutes Beispiel für eine Beschäftigte, die sich nicht so leicht den Schneid abkaufen lässt. Anderenfalls wäre sie vermutlich nicht seit rund 14 Jahren Verkäuferin im Handelsimperium von Lidl – immer in derselben Verkaufsstelle in Meißen, die allerdings mehrfach ihren Namen wechselte.

Die stets in den jeweiligen Betriebsräten engagierte Frau begann im Oktober 1990 im ersten »Handelshof«, den Lidl & Schwarz in Meißen eröffnete, später wurde daraus eine Kaufland-Filiale, seit kurzem firmiert die Niederlassung als »KaufMarkt«.

»Unser Laden wurde aus Kaufland Ostsachsen ausgegliedert; angeblich aus rein betriebswirtschaftlichen Gründen«, sagt Sybille W. Möglicherweise spielten aber auch andere Gründe eine gewichtige Rolle bei der von Lidl gerne praktizierten Ausgliederung von Firmenteilen. So war Sybille W. Gesamtbetriebsratsvorsitzende in der damals aus 14 Geschäften bestehenden Kaufland Warenhandel Ostsachsen GmbH & Co. KG – eine erfolgreiche zudem. »Wir haben einiges erreicht und waren führend in der Kaufland-Betriebsratsarbeit«, weiß die Meißenerin. So konnten sie mithilfe der Einigungsstelle beispielsweise gute Arbeitszeitregelungen für die Belegschaften herausholen. Auch bei der Verlängerung der Ladenöffnungszeiten an Samstagen bis 20 Uhr stellte sich der GBR zunächst erfolgreich quer. Zunächst erwirkte er eine Einstweilige Verfügung gegen die erweiterte Samstagsöffnung; als schließlich Ende Januar 2004 die Kaufland-Filialen länger geöffnet blieben, gab es per Betriebsvereinbarung ausgehandelte Sonderleistungen wie etwa zusätzliche Pausen.

Die Auslagerung und Umfirmierung ihrer Niederlassung kam für die 55 fest und 35 pauschal Beschäftigten des Meißener Kaufland-Hauses schließlich völlig überraschend. Immerhin: Der Gesamtbetriebsrat für die jetzt noch 13 Kaufland-Filialen in Ostsachsen existiert weiter; mittlerweile mit einer neuen Vorsitzenden. Sybille W. hält den Kontakt zu ihren früheren Mitstreiter/innen im Gesamtbetriebsrat, ist aber auch im Betriebsrat ihres Meißener KaufMarktes aktiv.

»Für uns hat sich die Lage sogar entspannt«, erzählt sie. So zeigten die neue Hausleiterin sowie ein neuer Verkaufsleiter mehr Entgegenkommen als ihre früheren Vorgesetzten. Gleichwohl wird auch im KaufMarkt Meißen versucht, die klassische Lidl-Kaufland-Strategie durchzuziehen: Kostensenkung durch Druck auf die Personalkosten. »Bei uns ist etwa vor kurzem die Fleischtheke abgeschafft worden; generell wird bei Kaufland verstärkt auf Selbstbedienung bei Fleisch, Wurst und Käse gesetzt.« Teilzeitkräfte sollen im Zuge dieser Umstellung von täglich sechs auf vier Arbeitsstunden gedrückt werden. Sybille W.: »Das entspricht finanziell einem Minus von 500 Euro brutto im Monat.« Aus ihrer Sicht ein zentrales Thema für die Betriebsräte bei KaufMarkt und Kaufland.

Teilzeitkräfte sollen von täglich sechs auf vier Stunden gedrückt werden – das ist ein zentrales Thema für Betriebsräte

Die erfahrene Arbeitnehmervertreterin ist davon überzeugt, dass die Qualität der Betriebsräte ein entscheidender Faktor ist. »Leider gibt es aber auch sehr passive und ängstliche Betriebsräte, die solche Negativentwicklungen nicht stoppen können oder wollen«, weiß Sybille W. Sie selbst lässt sich auch davon nicht entmutigen; schließlich weiß sie aus eigener Erfahrung, was ein engagierter und solidarischer Betriebsrat alles durchsetzen kann.

GG

Kaufland-Betriebsrätin Claudia B. aus Bayern:

»Vier Jahre lang habe ich ein Mobbing-Tagebuch geführt«

Ich arbeite gern, habe mir seinerzeit auch zugetraut, die Stelle der Erstkassiererin bei uns im Kaufland zu übernehmen, nur – bekommen hat sie eine andere. Ich war wohl eine Gefahr, bestimmte Mauscheleien nicht mitzumachen. Unbescholten zu bleiben ist bei uns schwer genug. Interessenvertretung noch schwieriger. Betriebsräte stehen immer unter Beobachtung der Geschäftsführung, werden gern ausgehorcht oder mit Versprechungen und Vergünstigungen dazu gebracht, heute nicht mehr zu Beschlüssen zu stehen, für die sie gestern noch die Hand gehoben haben.

Ich habe den Betriebsrat 1996 mit gegründet und wurde selbst zwischenzeitlich vom Kaufland-Juristen aufgefordert, unserer ehemaligen Vorsitzenden im Betriebsratsbüro einen manipulierten Geldschein unterzuschieben. Nicht mit mir. Rausgeworfen wurde sie dann trotzdem. Sechs Kündigungen wurden gegen sie ausgesprochen, bevor eine griff. Die Sache ging bis zum Landesarbeitsgericht. Als ich dann Betriebsratsvorsitzende wurde, hat sich die Geschäftsleitung wohl einen »Kurswechsel« erhofft. »Sie haben doch gebaut und vier Kinder...«, hieß es und die Marktleitung hat wohl fest damit gerechnet, dass ich mir ein »Angebot« anhöre. Doch ich habe so weitergemacht, wie ich es als Betriebsrätin damals bei der HBV gelernt habe. Wir sind eine Arbeitnehmervertretung.

Tatsächlich konnten wir Betriebsvereinbarungen durchsetzen, von denen die Belegschaft heute noch profitiert: Arbeitszeit- und Inventurregelung zum Beispiel. Dass Teilzeitkräften Zuschläge gezahlt werden, Überstunden nicht aus der Statistik verschwanden und Lehrlinge übernommen wurden, habe ich ebenfalls mit durchsetzen können. An anderen Vorhaben sind wir gescheitert. Eine Vereinbarung gegen Mobbing und sexuelle Belästigung am Arbeitsplatz, die wir seit 2001 vorbereitet haben und endlich im November 2003 zur Verhandlung bringen konnten, existiert bis heute nicht.

»Bei uns gibt es kein Mobbing«, sagt der Hausleiter. Das weiß ich allerdings besser. Kolleginnen wurden aufgefordert, mich nicht wiederzuwählen oder meine Abwahl zu fordern, zuletzt sollten sie nicht mal mehr mit mir sprechen. Der Hausleiter hat mich vor allen als Lügnerin dargestellt. Zwar musste er sich schließlich dafür entschuldigen, aber spurlos geht das an keinem vorbei. Misstrauen oder Unterstellungen zehren an der Substanz. Aushalten musste das zum Teil meine Familie und ausgebadet habe ich das vor allem selbst, mit meiner Gesundheit. Im Frühjahr 2003 ging nichts mehr. Ich musste zu einer psychologischen Reha-Behandlung. Sie wurde zweimal verlängert, dauerte insgesamt zehn Wochen. Inzwischen bin ich zu 50 Prozent schwerbehindert, weil das Asthma, was mich seit einer Weile plagt, eindeutig auf Belastung zurückzuführen ist.

Als ich zur Reha war, wurde bei uns im Markt die verlängerte Samstagsöffnung eingeführt. Das hat mich maßlos aufgeregt, weil: Heikle Sachen versuchte man immer dann durchzusetzen, wenn ich nicht da war. Oder ich wurde nicht eingeladen. Die wußten ja ganz genau, Blanko-Vollmachten für Neueinstellungen würden sie von mir nie bekommen. Ich habe auch darauf bestanden, meine Arbeitszeit im Bereich »Frische« selbst zu bestimmen, wie es mir im Arbeitsvertrag zugesichert war. Das wurde als »unkollegial« propagiert. Als ich schließlich mein tariflich zugesichertes Krankengeld gerichtlich eingeklagt hatte und doch über Wochen nicht gezahlt bekam, musste ich mit Verdacht auf Schlaganfall ins Krankenhaus. Eine Gesichtslähmung hat mich danach monatelang belastet. Im Juli 2004 erhielt ich die Kündigung. Meine Fehlzeiten waren eine Begründung, aber hauptsächlich auch, dass ich den »Betriebsfrieden« stören würde. Ich hoffe, dass meine Kündigungsschutzklage Erfolg hat. Seit es mir wieder besser geht, wollte ich mich über die Arbeit des Betriebsrates, wo ich immer noch Mitglied bin, informieren und Akten einsehen. Das hat man mir verwehrt. Seit Wochen darf ich das Kaufland als angebliche Querulantin nicht mehr betreten. Gegen Ladendiebe wird ein Hausverbot nach drei Monaten aufgehoben. Ich gelte wohl als schlimmer.

Seit vier Jahren habe ich ein Mobbing-Tagebuch geführt. Ärztliche Atteste belegen eindeutig, dass meine Beschwerden durch Stress hervorgerufen sind. Alles wurde sehr fein eingefädelt und ist schwer zu beweisen. Mein Anwalt bereitet eine Mobbing-Klage vor. Alternativ erwäge ich eine Strafanzeige wegen Körperverletzung. Ich habe mir nichts vorzuwerfen. Aber ich will auch künftig morgens in den Spiegel sehen und meinen Kindern vor die Augen treten können. Und ich kann die Hand auf die Bibel legen: Ich habe keinerlei Vergünstigung angenommen. Trauen kann ich allerdings keinem einzigen mehr im Betrieb. Ich will, dass die Verantwortlichen zur Rechenschaft gezogen werden.«

NEH

Auch Führungskräfte bleiben bei Kaufland und Co. nicht ungeschoren

Einschüchterung gehört einfach zum Personalkonzept

Inzwischen hat er sich halbwegs erholt, wirkt ruhig und gelassen. Wenn Florian M. allerdings über seinen Noch-Arbeitgeber, die Kaufland Gaststätten-Betriebe GmbH & Co KG, spricht, dann wird er bisweilen doch etwas wütend. Acht Jahre lang hat der gelernte Koch bei dem zur Schwarz-Gruppe gehörenden Unternehmen gearbeitet; zunächst als Betriebsleiter-Assistent, ab Ende 1998 als Betriebsleiter einer Kaufland-Gaststätte. »300 bis 320 Arbeitsstunden im Monat waren für mich ganz normal«, erzählt der 44-Jährige. Natürlich bekam er seine Überstunden nicht bezahlt, dafür bezog er immerhin ein übertarifliches Gehalt: für Lidl-Kaufland-Verhältnisse fürstliche, im Verhältnis zu den Stunden miserable 2.450 Euro brutto.

»Der Stress war enorm, auch der Druck, den ich auf meine zwanzig Mitarbeiter/innen ausüben musste, um die vorgegebenen Wirtschaftsziele zu erreichen«, sagt M. Jahrelang genügte der Betriebsleiter den Anforderungen, ja, er wurde sogar mehrfach unternehmensintern ausgezeichnet. Doch »wie aus heiterem Himmel« wandelten sich die Beurteilungen der Spitzenkraft Anfang 2004 von heute auf morgen. Hatte sein vorgesetzter Regionalleiter ihn stets als vorbildhaft, engagiert, kompetent und kreativ gelobt, drehte sich das Blatt nun um 180 Grad: »Herr M. nutzt seine Chance nicht, bisher sind tendenziell keine positiven Veränderungen sichtbar«, hieß es plötzlich in einer Beurteilung des Vorgesetzten.

Florian M.'s »Fehler« war, dass er mit Nachdruck auf die Übernahme einer größeren Kaufland-Gaststätte gedrängt hatte – eine entsprechende Beförderung war ihm mehrfach zugesagt worden.

Doch davon war plötzlich keine Rede mehr. Der Ärger mit dem ihm direkt vorgesetzten Regionalleiter, aber auch mit dem Geschäftsführer der Kaufland Gaststätten-Betriebe nahm von Tag zu Tag zu. »Mir wurde vorgeworfen, die Monatsinventur manipuliert zu haben, doch es gab keinerlei Beleg dafür.« In der Folgezeit hagelte es regelrecht Vorwürfe: Der Betriebsleiter sei nicht anwesend gewesen, als Vorgesetzte ihn telefonisch erreichen wollten, er hätte Probleme mit seinen Mitarbeiter/innen, er erreiche nicht die Zielvorgaben.

FÜR MICH ALS BETRIEBSLEITER GAB ES MIT DEM PRÄMIENVERTRAG GROSSE ANREIZE, DIE PERSONALKOSTEN IMMER WEITER ZU DRÜCKEN

Florian M. kannte die Praktiken seines Unternehmens im Umgang mit unlieb gewordenen Beschäftigten, und so wurde ihm schnell klar, dass nun er auf der Abschussliste stand. Immerhin hatte er selbst einen jungen Mann aus einer benachbarten Filiale kennen gelernt, der – wie sich bald zeigte – die bis dahin von M. geleitete Gaststätten-Filiale übernehmen sollte. Der Grund? »Relativ simpel«, meint M. »Der Kollege ist Berufsanfänger, Anfang zwanzig und bekommt rund 600 Euro monatlich weniger als ich.«

M. selbst hatte schließlich etliche Mitarbeiter/innen an die Luft setzen müssen, nachdem sie die Höchststufe bei Gehalt und monatlicher Arbeitszeit erreicht hatten. »Die Unternehmensstrategie lautet, die Personalkosten immer weiter zu drücken. Inzwischen werden im Gaststättenbereich sehr viele Leute befristet mit Minijobs eingestellt«, sagt M. Obwohl die Beschäftigten alle Arbeiten einer Buffetkraft verrichten müssen, die tariflich mit 9 Euro Stundenlohn zu Buche schlagen würde, erhalten sie grundsätzlich nur Verträge als Aushilfen und damit eine Bezahlung von lediglich 6,92 Euro brutto pro Stunde. Der Personalkostenanteil wurde so erheblich gesenkt und lag zu M.'s Zeiten bei knapp über dreißig Prozent, während Filialen in den alten Bundesländern noch auf rund 45 Prozent kamen. Großer Motivationsanreiz für ihn als Betriebsleiter, so M., die Personalkosten immer weiter zu drücken, war der Prämienvertrag – eine einmalige Jahreszahlung bei Einhaltung aller Plandaten.

Nachdem Anfang 2004 festgelegt worden war, sich von langjährigen Mitarbeiter/innen zu trennen und stattdessen befristete Kräfte bzw. Minijobber/innen einzustellen, »ersetzte« auch M. innerhalb kürzester Zeit sieben feste Beschäftigte durch neun Minijob-Kräfte.

»Kündigungen gibt es bei Kaufland Gaststätten ja grundsätzlich nicht«, sagt die erfahrene Führungskraft ironisch. Im Laufe seiner Tätigkeit hat er an die sechzig Leute aus dem Job entfernt – schnell und schmerzlos. »Alle Führungskräfte sind gehalten, in solchen Fällen Aufhebungsverträge zu schließen.« Das Verfahren ist standardisiert: Nach Arbeitsschluss werden die entsprechenden Mitarbeiter/innen zum Betriebsleiter gerufen, der ihnen eröffnet, dass sie leider nicht weiterbeschäftigt werden können. Innerhalb von fünf Minuten soll dann der Aufhebungsvertrag unter Dach und Fach sein. M.: »Verrückterweise funktioniert das tatsächlich. Ich habe nie jemanden erlebt, der sich gewehrt und seine Unterschrift verweigert hätte.«

Ausführliche Tipps vom Chef, wie man einen Betriebsrat ver- oder behindert

Das hängt auch mit der geringen Kenntnis vieler Mitarbeiter/innen über ihre Rechte zusammen. Auch in diesem Teil des Schwarz-Imperiums sind aktive Gewerkschaftsarbeit und engagierte Betriebsräte nicht gern gesehen. »Auf einer Betriebsleitertagung erklärte unser Regionalleiter nach Inkrafttreten des neuen Betriebsverfassungsgesetzes in allen Einzelheiten, wie es möglich ist, die Bildung eines Betriebsrates zu verhindern«, berichtet F.M. So werde man sich umgehend von Mitarbeitern trennen, die einen Betriebsrat gründen wollten. Sei eine Betriebsratsgründung aber nicht mehr zu verhindern, müsse ein geeigneter Mitarbeiter eingeschleust werden, der dafür sorge, dass der Betriebsrat nur noch dem Unternehmen genehme Vorlagen beschließt.

So schnell und brutal »einfache« Mitarbeiter/innen per Aufhebungsvertrag aus dem Unternehmen entfernt werden – bei unliebsamen Führungskräften bedient man sich »eleganterer« Verfahren; schließlich kennen Betriebsleiter wie M. die Methoden zu gut, als dass ihn seine Vorgesetzten sang- und klanglos aus seinem Vertrag drängen könnten. Seit Ende Mai 2004 jedenfalls ist M. mit kurzen Unterbrechungen wegen fortgesetzten Mobbings krankgeschrieben. Mit einer Rückkehr ins Unternehmen rechnet er schon lange nicht mehr; inzwischen sagt er sogar dezidiert: »Nie wieder System-Gastronomie!« Die Modalitäten seines Ausscheidens bei Kaufland Gaststätten-Betriebe sind nun Sache der Anwälte. GG

aus ver.di-PUBLIK, Ausgabe Mai 2004

ver.di macht Discounter-Beschäftigten Mut

Kampfansage gegen miese Arbeitsbedingungen bei Lidl, Schlecker und Aldi

Als Christa B. Ende Oktober vergangenen Jahres während ihrer Arbeitszeit von zwei Vorgesetzten in den Aufenthaltsraum der Lidl-Filiale in Schriesheim gerufen wurde, hatte sie keine Ahnung, was ihr bevorstehen würde. Der langjährigen Beschäftigten wurde – ohne Nachweis – vorgeworfen, sie hätte in die Pfandkasse gegriffen. Den Raum durfte sie erst verlassen, nachdem sie eine Aufhebungserklärung ihres Arbeitsvertrages unterzeichnet hatte.

So wie Christa B. erging es allein im baden-württembergischen Schriesheim drei weiteren Kolleginnen. Inzwischen laufen vor Arbeitsgerichten verschiedene Klagen gegen Lidl – den nach Aldi zweitgrößten Discounter der Bundesrepublik. Im Fall Christa B. wird Ende Mai ein weiteres Mal verhandelt. Da der vorgeschobene Grund für ihren Rausschmiss mangels Beweisen vom Gericht längst einkassiert wurde, geht es nun lediglich um die Höhe der Abfindung und die Rehabilitierung der Verkäuferin, die sich in ihrem dreißig Jahre währenden Berufsleben »noch nie etwas hat zuschulden kommen lassen«, wie sie selbst sagt.

Fingierte Kündigungsgründe, Einschüchterung, schlechte Bezahlung, fehlende Pausen und enormer Arbeitsdruck sind bei Lidl wie beim Drogeriediscounter Schlecker und bei Aldi an der Tagesordnung. Um die Öffentlichkeit auf miserable Arbeitsbedingungen bei den Billiganbietern aufmerksam zu machen verteilten, ver.di-Haupt- und Ehrenamtliche am 8. März, dem Internationalen Frauentag, bundesweit in nahezu 2.000 Lidl-, Schlecker- und Aldi (Süd)-Filialen Informationsmaterial und kleine Geschenke. »Das Interesse der Beschäftigten an unserem Angebot war sehr groß«, resümierte Franziska Wiethold, ver.di-Vorstandsmitglied und Vorsitzende des Fachbereichs Handel. »Viele Frauen begrüßten, dass wir vorhandene Missstände aufzeigen und über die Wahl von Betriebsräten und unsere Tarifverträge informieren.«

Neben einem starken Medienecho gab es etliche Rückmeldungen von Betroffenen. »An vielen Orten sind Beschäftigte spontan in ver.di eingetreten«, weiß Agnes Schreieder, Gewerkschaftssekretärin in der Fachgruppe Einzelhandel. Allein in Schlecker-Filialen im Raum Ludwigshafen/Mannheim/Brühl wurden acht Mitarbeiterinnen Neumitglieder. In dieser Region war 1995 der bundesweit erste Schlecker-Betriebsrat gewählt worden; die engagierten Kolleginnen aus dieser Filiale gehörten am 8. März zu den Werberinnen.

In den Landesbezirken wird die Verteilaktion vom Frauentag als fulminanter Auftakt für eine dauerhafte Kampagne angesehen. Zum Beispiel in Hamburg: Drei Monate lang sollen hier wöchentlich Schlecker-Filialen aufgesucht werden. Das Ziel: »Mit Betriebsräten wollen wir die Arbeitsbedingungen für die Frauen spürbar verbessern«, sagt Ingo Harms vom Fachbereich Handel in der Hansestadt. Dabei gehe es um die Bezahlung nach Tarif ebenso wie um den Schutz von Gesundheit und Sicherheit. In den 130 Hamburger Schlecker-Filialen existiert bisher kein einziger Betriebsrat. Bundesweit gibt es in rund 3.000 der 10.500 Niederlassungen eine Arbeitnehmervertretung.

Noch verheerender das Bild bei Lidl: Lediglich in fünf von bundesweit 2.500 Filialen existieren Betriebsräte – zum Teil bestehen sie aus einer Person. Seit 2002 hat ver.di verstärkt versucht, bei Lidl Betriebsratsgründungen zu unterstützen. Im weit verzweigten Konzern des Lidl-Chefs Dieter Schwarz werden jedoch solche Initiativen systematisch mit Tricks, Drohungen oder zur Not mit Rausschmissen verhindert. Die Aktion am 8. März erregte bei Vorgesetzten in Berlin immerhin so viel Sorge, dass Filialleiter angewiesen wurden, die verteilten Materialien bei den Verkäuferinnen einzusammeln.

ver.di setzt auch bei Lidl die Aktionen fort. »Filialbesuche finden regelmäßig statt. Glücklicherweise beteiligen sich inzwischen verstärkt Ehrenamtliche«, so Agnes Schreieder. Um weiterhin öffentliche Aufmerksamkeit auf die Praktiken bei Lidl und Co. zu lenken ist zudem die Werbung prominenter Paten bei Betriebsrats-Initiativen geplant.   GUDRUN GIESE

aus ver.di-PUBLIK, Ausgabe Mai 2004
Unsere geizig-geile Schnäppchen-Republik

Die »Mutter aller Schnäppchen« ist kurz vor der Urne noch zur Freiheitskämpferin geworden. Ihr Rambo-Sohn mit dem Cowboy-Hut, der alles noch erschwinglicher macht, scheint gerade von der Frontbelustigung im Irak zurück zu sein. Gleich darauf im nächsten Spot der ewig braune Dieter Bohlen und der brüllige Spruch »Es lebe billig«! Unsere Schnäppchen-Republik guckt Fernsehen...

Wir wollen alles, und das gleich: Niedrige Preise bei Elektronik, Lebensmitteln, Kleidung und Reisen erscheinen uns noch überhöht. Das 25-Cent-Brot aus dem Plus-Laden hilft uns, den 2,99-Euro-Flug nach Budapest zu finanzieren. Den Stadtplan schauen wir uns dann im Licht der in China hergestellten, modernen 3,95-Leuchte von Ikea an. Wir wollen billig und Beratung, wir wollen günstig und Geschmack, wir wollen Superangebote und Sicherheit. Und die Armut in den Entwicklungsländern finden wir auch ganz schrecklich ...

Sie fühlen sich nicht angesprochen, gehören zur exotischen Minderheit der Nicht-Schnäppchen-Jäger? Sie sind natürlich auch nicht gemeint. Mal sehen, wann wir uns das nächste Mal bei Aldi oder Lidl treffen...

Jetzt aber ganz im Ernst. Für Millionen Menschen ist die Suche nach günstigen Angeboten zu einer existenziellen Frage geworden. Erwerbslose gehen selten in Edelboutiquen oder Schlemmerparadiese. Auch Sozialhilfeempfänger, Kleinst-Rentner und Beschäftigte aus dem Niedriglohn-Sektor, der stetig wächst, müssen jeden Cent umdrehen. Sie sind keine Schnäppchen-Jäger, sondern Überlebenskünstler.

Armut und Arbeit schließen sich in dieser reichen Republik längst nicht mehr aus. Nach zwei Jahrzehnten Sozialabbau erst unter Kohl – jetzt unter Schröder – ist die Kaufkraft ziemlich am Boden. Darüber hinaus hat sich das Ausgabeverhalten stark verändert: Entfielen 1991 rund 42,5 Prozent des privaten Konsums auf den klassischen Einzelhandel, sind es heute knapp unter 30 Prozent. Die Umsatzflaute hat heftige Folgen. Eine davon ist der Billigst-Boom, an dem sich selbst Warenhäuser und kleine Fachgeschäfte selbstmörderisch beteiligen. In Dauer-Rabattschlachten werden gigantische Werte und viele Arbeitsplätze vernichtet.

»Ruinieren Sie uns«, hat Karstadt kurzzeitig seine satten Rabatte für Markenprodukte angepriesen. Das sollte witzig sein. War es aber nicht, wie die Geschäftszahlen zeigen. Sie sind mies bis grottenschlecht. Der Kaufhaus-Primus ist ein Beispiel, es gibt viele andere.

Preiskriege bei Lebensmitteln und Unterhaltungselektronik sind nichts völlig Neues. Handelskonzerne haben sie immer wieder angezettelt, um sich selbst das beste Stück am Umsatzkuchen zu sichern.

Doch als 2001 das Rabattgesetz fiel, schlug endgültig die Stunde der entfesselten Schnäppchen-Republik. Die Medien übertrumpften sich in Tipps, mit welchen Tricks die größten Nachlässe zu ergattern seien. Die Unternehmen machten mit und tappten mit Coupons, Treuepunkten, Tageszeit- und Jubiläumsrabatten in die Falle. Dort sitzen sie bis heute, weil viele Kunden erst mal allen Preisen misstrauen.

Selbst Leute, die sich vieles leisten können, haben immer öfter das Prozentzeichen im Blick. Egal, ob es die Markenkleidung ist oder der Flug mit der Dumping-Airline: Besonders billig gilt als besonders cool. Welcher echte Schnäppchen-Jäger fragt da noch, wie es um Schutz, Bezahlung und Arbeitszeit der Beschäftigten steht? Wen interessiert es, wie Zulieferbetriebe und Bauern von Handelsriesen erpresst werden? Wer überlegt sich, wie es um die sozialen Standards in der weltweiten Textilproduktion bestellt ist?

Alles immer noch billiger, hat einen zu hohen Preis. Wem das egal ist, der sollte sich auch nicht wundern, dass die Einkaufsstraße am Wohnort »plötzlich« nur noch aus 1-Euro-Läden, Telefonshops und Imbissbuden besteht. Oder dass sich der Handel überall nur noch als das ewig gleiche Dutzend abbildet, während sich die schnuckeligen Fachgeschäfte längst in die Pleite verabschiedet haben. Noch anders gesagt: Wer für 19,99 Euro nach Mailand fliegt und meint, solche Flüge seien dauerhaft sicher, irrt gewaltig.

Der Handel und andere Branchen spielen völlig verrückt. Ein Spiel ohne Grenzen wird das nicht sein, wenn sich genügend Konsumenten auf ihre Macht besinnen. Gezieltes Einkaufen kann etwas bewirken. Selbst bei »billig« gibt es Alternativen zu bestimmten Discount-Firmen, solange deren Erfolg auf Mega-Ausbeutung beruht. Man muss ja nicht immer gleich an Boykott denken. Manchmal schon... ANDREAS HAMANN *aus ver.di-PUBLIK, Ausgabe Oktober 2002*

Hardcore bei Lidl

Billig auf Kosten der Beschäftigten

Bei Lidl herrschen krasse Kontraste. Nach außen hin gibt Firmengründer Dieter Schwarz den Wohltäter. Er ist einer der reichsten Männer der Republik. Von Wohltaten können die Beschäftigten nur träumen. Das wenige Personal des Discounters steht unter enormem Druck und wird bespitzelt.

Ein deutscher Hit mit schrägen Tönen ist zum Exportschlager geworden: Mit ihren Billigläden Marke Lidl und den großen Kaufland-Märkten mischt die Unternehmensgruppe Schwarz seit Jahren die Handelslandschaft auf. Auch außerhalb der Bundesrepublik in 14 europäischen Ländern. Vor Ort in der Filiale beruht das Erfolgsrezept »Billig« auf Personalnotstand und gnadenloser Hetze. Wo sich Unmut regt, geben sich die Testkäufer die Klinke in die Hand und inszenieren Kündigungsgründe. Das jedenfalls schildern Betroffene. Besonders bei Lidl, wo Betriebsräte Seltenheitswert haben.

»WIR SCHUFTEN UNS JEDEN TAG HALBTOT UND DER SPIELT DEN WOHLTÄTER«

»Wir schuften uns jeden Tag halbtot und der spielt den Wohltäter«, platzt es aus der 45-jährigen Lidl-Kassiererin Gabriele Krüger (Name geändert) heraus. Dieter Schwarz, dem der tiefe Ärger der Berlinerin gilt, ist einer der reichsten Männer Deutschlands und Begründer des Handelsimperiums »Lidl & Schwarz«, wo sich die Klagen über menschenunwürdige Arbeitsbedingungen häufen.

Bei Gabriele Krüger gestaltete sich der Rausschmiss extrem hinterhältig. »Sogar Kolleginnen sind gezwungen worden, an meiner Kasse Testkäufe durchzuführen.« Einmal übersah sie eine senkrecht im Einkaufswagen stehende und in Metallfolie gehüllte Zahnbürste, ein anderes Mal verbarg ein Prospekt eine durchgeschleuste CD. Alles hatte damit begonnen, dass die Kassiererin ihre überfällige Eingruppierung in eine höhere Gehaltsgruppe verlangte.

Die Kontraste im Lidl-Reich sind krass. Herzstück des Firmengeflechts ist eine von Dieter Schwarz (62) ins Leben gerufene Stiftung. Über diesen Weg fördert der honorige schwäbische Unternehmer vieles, was nach seinem Gusto dem Fortschritt dient. Mal ist es eine Gastprofessur an der Uni Mannheim, dann fließen Millionen in die Restaurierung einer Kirche. Sein »eindrucksvolles Engagement für wissenschaftliche, kulturelle und soziale Belange« ist Ende April 2002 mit der Verdienstmedaille des Landes Baden-Württemberg ausgezeichnet worden.

Beim Blick hinter die Kulissen stellt sich eine andere Welt dar. »Was sich hier abspielt, ist Hardcore«, empört sich die stellvertretende Leiterin einer Lidl-Filiale in Berlin-Schöneberg. »Wenn man krank ist, sagt unsere Bezirksleiterin: Bloß keine Krankschreibung, nehmen Sie freie Tage.« Und das ist keine einmalige Entgleisung, wie eine ver.di-Umfrage in mehreren Hauptstadt-Geschäften ergeben hat.

Durchackern fast ohne Pause ist keine Seltenheit. »Pro Minute sollen mindestens 40 Artikel über den Scanner gezogen werden«, beschreibt die Führungskraft den Dauerstress. Am Ende des Arbeitstages hat sich jede Kassenbeschäftigte bis zu 600 Mal über das Laufband gebeugt, um in die Wagen zu schauen. Kontrollspiegel gibt es hier und in anderen Läden keine.

»**Demokratiefeindlichkeit und Willkür im Hause Lidl werden wir mit geeigneten Mitteln beantworten**«

Betriebsräte sind bisher fast ausschließlich in Lidl-Lagern und bei Kaufland gewählt worden. »Jetzt ist Lidl dran«, umreißt ver.di-Bundesvorstandsmitglied Franziska Wiethold die Richtung. In den rund 2300 Filialen soll die betriebsratsfreie Zeit möglichst bald enden. Dafür will der Fachbereich Handel mit einer Kampagne sorgen, die die Schattenseiten beim Billiganbieter Nr.2 hinter Aldi bekannt macht und für öffentlichen Druck sorgt.

Über Nacht wurden Lager und Fillialen getrennt, um Betriebsräte zu verhindern

In der Region Dortmund stand ver.di schon fast am Ziel. Kurz bevor die Beschäftigten von 150 Filialen nach etlichen Richtersprüchen einen gemeinsamen Betriebsrat am Lagerstandort Unna mitwählen konnten, trickste Lidl. Blitzschnell wurden im Januar Filialbereich und Lager gesellschaftsrechtlich getrennt: Angestellte plus Läden fanden sich in einer eigenen Vertriebsfirma wieder. Das wiederholte sich bundesweit in allen Lidl-Gesellschaften, wo Belegschaften offensichtlich in kleinste Einheiten atomisiert werden sollen.

Die Kampfansage ist unmissverständlich. Die Zentrale in Neckarsulm verweigert die Wahl von Betriebsräten, die regional für mehrere Filialen zuständig wären. »Ein solches Verfahren ist in anderen Filialunternehmen üblich und per Tarifvertrag geregelt, stößt aber bei Lidl bisher auf knallharte Ablehnung«, so Franziska Wiethold: Für ver.di kündigt sie koordinierte

Gegenaktionen an. »Demokratiefeindlichkeit und Gesetzesbruch im Hause Lidl werden wir mit geeigneten Mitteln beantworten.«

Egal, ob in Flensburg, Chemnitz oder München: Wer in einer der Filialen einkauft, merkt schnell, wie dünn die Personaldecke ist. Arbeit auf Abruf und graue Überstunden sind an der Tagesordnung.

Christian Paulowitsch aus Baden-Württemberg ist ehemaliger Betriebsratsvorsitzender eines SB-Warenhauses der Lidl & Schwarz-Gruppe. Heute ist der Insider bei ver.di beschäftigt und betreut mehrere Discountläden. Obwohl das Unternehmen Tarif zahlt, läuft vieles nicht sauber.

Das Hausmotto »Lidl ist billig« gilt auch für Gehälter. Gerade ist der Gewerkschafter einer heiklen Sache auf der Spur: Viele Beschäftigte sind für 87 Stunden im Monat eingestellt, kommen aber bis auf 190 Stunden. In mindestens einem der Bezirke wird das Urlaubsgeld jedoch nur für die Grundstunden berechnet.

Christian Paulowitsch hat noch ganz andere Erfahrungen. Als Betriebsrat wurde er lange unbemerkt bespitzelt. Bis sich ein Hausdetektiv offenbarte: »Wenn Sie was bei dem finden, sind Sie reich«, habe Mitte der neunziger Jahre der Auftrag eines Top-Managers gelautet. Dem missliebigen Kollegen sollte ein Diebstahl untergejubelt werden, gab der Privatermittler bei einem Anwalt zu Protokoll.

Seither ist Zeit ins Land gegangen und Kaufland-Betriebsräte berichten, dass sie ihrem Schutzauftrag relativ ungestört nachkommen können. In einigen Fällen hat die Gewerkschaft erfolgreich interveniert. Völlig anders sieht es bei den Lidl-Filialen aus. Hier muss noch komplett eingelöst werden, was das von Firmengründer Schwarz geprägte Leitbild pastoral verspricht: »Fairness ist ein Gebot gegenüber jedermann im Unternehmen.«

ANDREAS HAMANN

Bestellungen für Schwarz-Buch LIDL

Telefax 030 / 69 56 31 60

> ver.di gmbh
> medien/buchhandel/verlag
> Paula-Thiede-Ufer 10
> 10179 Berlin

manina.walter@verdigmbh.de
Telefon 030 / 69 56 – 12 62

Ich bestelle _____ Stück Schwarz-Buch Lidl

- ☐ Versand gegen Rechnung € 8 pro Stück + Versandkosten
- ☐ Ich bin ver.di-Mitglied

Versand an folgende Adresse (bitte Druckschrift)

_____

_____

_____

- ☐ Ich bin an weiteren Informationen zur Arbeit von ver.di bei Lidl interessiert und möchte Kontakt mit der örtlichen ver.di-Geschäftsstelle aufnehmen. Kontakt und nähere Informationen sollen an mich gehen über

Name, Organisation, Einrichtung _____

_____

_____

Telefon _____

e-mail _____

Weitere Informationen:
ver.di-Direkt: 01 80/2 22 22 77 und www.verdi.de
ver.di, Paula-Thiede-Ufer 10, 10179 Berlin